Peter Knauer SJ
Kurze Einführung: Christlicher Glaube

Peter Knauer SJ

Kurze Einführung:
Christlicher Glaube

2. Auflage 2020

Die Deutsche Nationalbibliothek verzeichnet diese Publikation in der Deutschen Nationalbibliografie; detaillierte bibliografische Daten sind im Internet über http://dnb.dnb.de abrufbar.

Die kirchliche Druckerlaubnis erteilt
Johannes Siebner SJ, Provinzial
München, 11. April 2018

Titelbild mit freundlicher Genehmigung von Robert Rotheflug, http://eglisesromanes.net

Das Titelbild zeigt eines von 99 Kapitellen im Kirchenschiff der Basilika Ste. Marie Madeleine in Vézelay im Burgund. Es stammt aus der Zeit zwischen 1125 und 1145. Zu sehen ist Judas, der sich nach seinem Verrat an Jesus erhängt hat (Mt 27,5), und Jesus Christus als der Auferstandene und Gute Hirt, der ihn liebevoll abgenommen hat und in sein Reich zurückbringt (Röm 11,25-32). Dieses Bild ist Ausdruck christlicher Hoffnung für alle Menschen; als verlässlich ist diese Hoffnung nur innerhalb des christlichen Glaubens zugänglich.

Umschlaggestaltung und Layout: Annick Dohet-Gremminger

Herstellung und Verlag: BoD - Books on Demand, Norderstedt 2018, ²2020

Standard-Versand in europäische Länder für Empfänger portofrei:
https://www.bod.de/buchshop/catalogsearch/result/?q=peter+knauer
Print-Book (€ 4,00) ISBN 13: 9783752879506
E-Book (€ 0,99) ISBN 13: 9783752801224

Inhalt

Im Folgenden soll eine ökumenische Einführung in den christlichen Glauben geboten werden, wie ihn (nicht nur) die katholische Kirche versteht.[1] Diese Einführung orientiert sich an den Grunddogmen[2] dieser Kirche; weit davon entfernt, diese Grundaussagen des Glaubens für unverständlich zu halten, sehe ich in ihnen den Schlüssel zum Verständnis der christlichen Botschaft.

Ich formuliere den christlichen Glauben mit meinen eigenen Worten. Es handelt sich eigentlich nur um eine Art Grammatik des christlichen Glaubens, die aber Missverständnisse und Umwege ersparen kann. Der Glaube selbst kann nur so tatsächlich *gelebt* werden, dass er die Glaubenden auch in ihrem Leben miteinander verbindet.

Die Einführung ist für solche Leser gemeint, die vielleicht schon viele christliche Begriffe gehört haben, aber danach fragen, worum es denn bei all dem im Grunde gehen soll (das ist auch die Fragestellung der sogenannten „Fundamentaltheologie", die mein Fach ist). Lesbar sollte sie aber auch für solche sein, die das Christentum überhaupt noch nicht kennen. Sie setzt beim Leser keinen Glauben voraus, sondern nur die Bereitschaft zu aufmerksamer und bedächtiger Lektüre. Aber diese Einführung sollte an einem einzigen Tag gelesen werden können.

Man kann zwar denken, ohne zu glauben. Es ist aber nicht möglich zu glauben, ohne zu denken. Christlicher Glaube ist nicht möglich ohne Verstehen. Dies ist kein Nachteil. Denn es geht in der christlichen Botschaft auch um eine Kultur der Aufmerksamkeit, des Nachdenkens, des Verstehens (vgl. *Mk 4,1–20*).

---

1 Das Wort „katholisch" bedeutet „die ganze Erde betreffend", also „weltweit", und ist semantisch gleichbedeutend mit „ökumenisch" (= die bewohnte Erde betreffend). Beide Male handelt es sich nicht nur um einen Namen, sondern um einen Normbegriff, was aber nur durch die Übersetzung dieser Begriffe an den Tag kommt. Eine Kirche ist nur im dem Maß katholisch, bzw. ökumenisch, als ihre Verkündigung solcherart ist, dass sie als jedermann angehend verstanden werden kann. Das in dieser Broschüre dargelegte Verständnis des christlichen Glaubens durchzieht die ganze Geschichte der christlichen Kirchen zumindest wie eine Leuchtspur.

2 Unter einem „Dogma" ist eine feierliche Glaubensaussage der Kirche zu verstehen. Es wird durch den Inhalt dieser Aussage garantiert, dass sie in sachgemäßem Verständnis allen Einwänden und Befragungen standhalten wird: Es lohnt sich, über sie nachzudenken. Missverstanden wird ein Dogma, wenn jemand meint, es unbesehen und unbefragt annehmen zu sollen, ohne überhaupt seinen Sinn zu verstehen.

Worum also geht es im christlichen Glauben?

Der Inhalt der christlichen Botschaft und damit des christlichen Glaubens ist kein additiv zusammengesetztes Vielerlei, sondern besteht in nichts anderem als darin, sich in Gottes Liebe geborgen zu wissen (im Folgenden wird zuerst erläutert werden, was das Wort „Gott" im Zusammenhang der christlichen Botschaft bedeutet; dies wird hier also nicht als bereits bekannt vorausgesetzt). Alle Einzelaussagen können die Verkündigung der Gemeinschaft mit Gott nur entfalten, aber nichts hinzufügen.

Die Aussagen der christlichen Botschaft sind immer zunächst in ihrem Sinn, nämlich in ihrem Inhalt und seiner Bedeutung, zu erfassen. Erst dann kann man sinnvoll die Frage nach ihrer Wahrheit stellen. Deshalb sei der Leser auch um Geduld gebeten; er möge nicht eine Erläuterung bereits deshalb für unbegründet halten, weil erst anschließend auch die Begründung folgt. Man muss immer zuerst wissen, was denn begründet werden soll.

Allerdings werden wir den christlichen Glauben nicht gleichsam von außen begründen, sondern nur kritische Rückfragen an die christliche Botschaft stellen, gegenüber denen diese selbst sich durch ihren Inhalt verständlich machen wird.

Entsprechend sind die sich anschließenden Kapitel folgendermaßen gegliedert:

a) Wie kommt man auf die christliche Botschaft? (Kapitel 1)

b) Wie kann die christliche Botschaft überhaupt von Gott reden, wenn er angeblich gar nicht unter Begriffe fällt? (Kapitel 2)

c) Wie kann man von Gemeinschaft mit Gott sprechen, wenn Geschaffensein eine völlig einseitige Beziehung der Welt auf Gott ist? (Kapitel 3.1)

d) Wie kann man Gemeinschaft mit Gott erkennen, wenn sie gar nicht an der Welt ablesbar sein kann? (Kapitel 3.2)

e) Wie kann man Gottes Selbstmitteilung annehmen, wenn die eigene Kraft dazu niemals ausreichen kann? (Kapitel 4)

f)   Was hat all dies mit Kirche zu tun? (Kapitel 5)

g)   In welchem Verhältnis steht die christliche Botschaft zu anderen Religionen? (Kapitel 6)

1   Ausgangspunkt

Ausgangspunkt für den christlichen Glauben ist die *Begegnung mit der christlichen Botschaft*. Ob die Botschaft wahr ist, muss sich dann erst noch ergeben. Jedenfalls aber denkt man sich die christliche Botschaft nicht selbst aus, sondern bekommt sie überliefert. Vom bloßen Nachdenken allein käme man nie auf die christliche Botschaft; vor allem kann man nicht durch die eigene Erfindung bewirken, dass man sie in Wirklichkeit längst von anderen mitgeteilt bekommen hat.

Die christliche Botschaft behauptet, „*Wort Gottes*" zu sein (vgl. *1 Thess 2,13*): In jeder Weitergabe des christlichen Glaubens kommt Gott selber zu Wort. Diesen Anspruch erläutert die christliche Botschaft gegenüber allen Rückfragen und Einwänden durch ihren Inhalt. Sie bittet um Gehör und um Aufmerksamkeit, weil sie beansprucht, den Menschen aus der Macht derjenigen Angst um sich selbst befreien zu können, die sonst die Ursache alles Bösen in der Welt ist. Diese Angst ist in unserer Verwundbarkeit und Vergänglichkeit begründet.

Aber wie lässt sich der Anspruch der christlichen Botschaft, „Wort Gottes" zu sein, verstehen? Und wie kann man sodann die Wahrheit dieses Anspruchs erkennen?

2   Wer ist Gott?

Als erstes ist zu fragen, was das Wort „Gott" bedeuten soll bzw. wer denn „Gott" sein soll. Erst dann ist es angebracht zu fragen, ob er auch wirklich existiert. Und danach erst stellt sich eigens die Frage, wie man ihm tatsächlich zuschreiben kann, dass er zu uns „*spricht*" (dies ist vielleicht weniger selbstverständlich, als es auf den ersten Blick scheint).

Es gibt Menschen, die sich von vornherein nicht vorschreiben lassen wollen, was das Wort „Gott" bedeutet, und meinen, dies könne überhaupt niemand genau sagen. Aber sie laufen dann Gefahr, mit der christlichen Botschaft von vornherein nur in der Weise des Missverständnisses umzugehen. Im Folgenden wird nichts vorgeschrieben, sondern nur dargelegt, was das Wort „Gott" in der christlichen Botschaft tatsächlich bedeutet.

Christen haben stets behauptet, dass Gott *„unbegreiflich"* sei, also gar nicht unter unsere Begriffe falle. Dies bedeutet zumindest, dass er weder als Ausgangspunkt noch als Gegenstand oder als Ergebnis von Schlussfolgerungen in Frage kommt. Aber wie kann man dann überhaupt von ihm reden?

Die christliche Botschaft selber antwortet: Von Gott können wir nur so sprechen, dass wir dabei unmittelbar von uns selbst sprechen und uns als „aus dem Nichts geschaffen" begreifen. Das Recht der Behauptung unseres Geschaffenseins soll weiter unten bewiesen werden. Sie bedeutet: In ihrer gesamten Wirklichkeit geht die Welt völlig auf in einem *„restlosen Bezogensein auf ... / in restloser Verschiedenheit von ...".* Das Wort „restlos" ist dabei mit der ganzen Wirklichkeit unserer Welt zu füllen; denn abstrakt gebraucht wäre es sinnlos. Wenn ein solches *„restloses Bezogensein auf ... / in restloser Verschiedenheit von ..."* tatsächlich bestehen sollte, dann kann das Woraufhin eines solchen Bezogenseins nicht nichts sein; denn ein Bezogensein auf nichts wäre gar kein Bezogensein.

Das Woraufhin eines solchen *„restlosen Bezogensein auf ... / in restloser Verschiedenheit von ..."* nennen wir „Gott". Wir wissen also nicht erst, wer Gott ist, und sagen dann, dass die Welt ohne ihn nicht sein kann, sondern die einzige Weise, überhaupt sinnvoll von Gott zu sprechen, besteht darin, dass wir von der Welt ausgehend sagen, dass sie völlig darin aufgeht, auf eine Wirklichkeit zu verweisen, ohne die nichts von der Welt sein kann. Gott ist *„ohne wen nichts ist".* Das ist im Sinn der christlichen Botschaft seine genaue, wenngleich nur als hinweisende mögliche Definition. Unzutreffend ist die Behauptung, unsere Sprache sei nicht in der Lage, richtig von Gott zu sprechen. Aber die Rede von Gott besteht zunächst in einer Aussage über die Welt und bleibt in Bezug auf Gott hinweisend.

Es ist aber gerade nicht möglich, von der Welt auf Gott zu *schließen*; schließen lässt sich nur von der Welt auf ihre Geschöpflichkeit, die ihr Bezogensein auf Gott ist. Es kann keinen „Gottesbeweis" geben, denn dann müsste Gott unter unsere Begriffe fallen, was mit einer wirklichen Anerkennung seiner Unbegreiflichkeit unvereinbar ist. Beweisbar kann nur die eigene Geschöpflichkeit sein.

Gott ist, ohne wen nichts ist.
Der Grund unseres Redens von Gott ist alles, was in der Welt existiert. Von Gott sprechen kann man also nur ausgehend von der Welt. Dass die Welt auf ihn verweist, muss jedoch eigens aufgewiesen werden.

2.1 *„Aus dem Nichts Geschaffensein"*

Mit *„aus dem Nichts Geschaffensein"* ist nicht nur der Anfang der Welt gemeint. Vielmehr gilt nach der christlicher Botschaft von der Welt im Ganzen und von allen ihren Teilen und in jedem Augenblick ihrer Existenz: *In allem, worin sie sich vom Nichts unterscheiden*, also in ihrer ganzen Wirklichkeit, sind sie solcher Art, dass sie ohne Gott nicht wären. Könnten wir unser Geschaffensein beseitigen, bliebe nichts von uns übrig.

Dieses Verständnis von Geschöpflichkeit umfasst alle innerweltlichen Beschreibungen der Welt. Es gilt selbstverständlich auch von einer evolutionären Welt: Auch die Evolution ist ein Sachverhalt, der ohne Gott nicht sein könnte. Sogar eine zeitlich seit je existierende Welt ohne angebbaren Anfang wäre durchaus noch immer geschaffen. Denn auch die Zeit selbst gehört auf die Seite des Geschaffenen; es gibt keine Welt und Gott übergreifende Zeit. Selbst wenn alle Ordnung in der Welt als das Ergebnis eines riesigen Spieles von Zufall interpretiert werden könnte, wäre all dies geschaffen. So ist Geschaffensein keine Alternative zu anderen Weltentstehungstheorien, sondern würde sie alle umfassen. Es geht auch gar nicht nur um die Entstehung der Welt, sondern um jeden Augenblick ihrer Existenz. Das Sein der Welt und ihr Geschaffensein sind identisch.

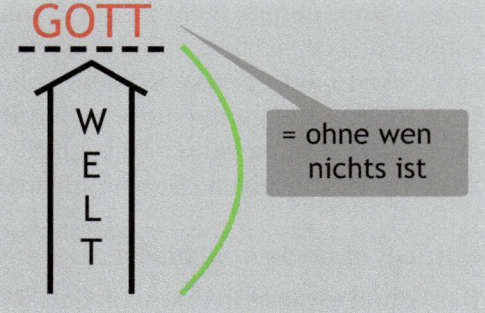

Das ganze Sein der Welt ist ein Nicht-Sein-Können ohne Gott.
In allem, worin sich die Welt oder Teile von ihr vom Nichts unterscheiden, sind sie in ihrer ganzen Wirklichkeit so, dass sie ohne Gott nicht wären.

Geschaffensein besagt, dass die Welt völlig in ihrem Bezogensein auf Gott aufgeht; ihr ganzes Sein ist ein Nicht-Sein-Können ohne Gott. Dies gilt jedoch nicht umgekehrt. Die Welt kann nicht ihrerseits bestimmendes Woraufhin eines Bezogenseins Gottes auf sie sein. Das Bezogensein der Welt auf Gott ist als „restloses" ein einseitiges Bezogensein. Dass Gott nicht „unter" Begriffe falle[1], bedeutet deshalb auch, dass es aufgrund der Einseitigkeit der realen Relation des Geschaffenen auf Gott ausgeschlossen ist, irgendetwas in der Welt von Gott *her*-zuleiten. Alle solchen Versuche – gewöhnlich treten sie unter dem Anschein der Frömmigkeit auf – können nur Missbrauch des Wortes „Gott" sein.

Dieses Verständnis von Geschaffensein, das die christliche Botschaft mit sich bringt, bedeutet eine sehr ungewohnte Ontologie (= Lehre vom Sein), ohne welche die christliche Botschaft nicht wirklich verstanden werden kann (vgl. die Notwendigkeit *„neuer Schläuche für den neuen Wein", Mt 9,17*). Es gibt nicht nur Relationen, die zu einem Träger hinzukommen, sondern Geschaffensein ist eine Relation, die selber das Sein ihres Trägers konstituiert. In diesem Sinn ist selbst ein Auto, das natürlich aus einer Fabrik kommt und aus allen möglichen Teilen zusammengesetzt ist, „aus dem Nichts geschaffen": Es ist „in seiner ganzen Wirklichkeit" letztlich ein *„restloses Bezogensein auf ... / in restloser Verschiedenheit von ...".*

---

1 Vgl. IV. Laterankonzil (1215), DH (= DENZINGER-HÜNERMANN, Kompendium der Glaubensbekenntnisse und kirchlichen Lehrentscheidungen) 800; I. Vatikanum (1869 bis 1870), DH 3001.

Nach Auffassung der christlichen Botschaft begreifen wir somit von Gott immer nur das von ihm Verschiedene, das auf ihn verweist. Deshalb kann man von Gott tatsächlich nicht so sprechen, dass er unter unsere Begriffe fiele, sondern nur hinweisend (was die Scholastik als *„analog"* bezeichnet). Seine Unbegreiflichkeit bleibt damit uneingeschränkt gewahrt.

Dieses analoge Sprechen hat bereits Augustinus (354–430) so in drei Stufen formuliert:

> *Du also, Herr, hast Himmel und Erde erschaffen,*
> *der du schön bist – denn sie sind schön;*
> *der du gut bist – denn sie sind gut;*
> *der du bist – denn sie sind.*

(= Bejahende Aussagen in bezug auf Gott aufgrund der Positivität der Welt [via affirmativa].)

> *Doch sind sie nicht in der Weise schön*
> *und sind nicht in der Weise gut*
> *und nicht in der Weise sind sie,*
> *wie du, ihr Schöpfer,*

(= Verneinende Aussagen in bezug auf Gott aufgrund der Negativität oder inneren Begrenztheit der Welt: alle Begrenzungen werden in bezug auf Gott verneint [via negativa].)

> *mit dem verglichen*
> *sie weder schön sind*
> *noch gut sind*
> *noch sind.*

(= Übersteigende Aussagen aufgrund der Einseitigkeit der Beziehung der Welt auf Gott: Selbst wenn man von Gott absolute, unendliche Wirklichkeitsfülle aussagt, bleibt dies nur hinweisende Rede [via eminentiae][1].)

Analoges Sprechen ist kein uneigentlicher und ungenauer Gebrauch unserer Sprache, sondern im Gegenteil ihr vollkommenster

---

1 AUGUSTINUS, Bekenntnisse, 11. Buch, Kap. 4, Nr. 4 (PL 32, 811). Das IV. Laterankonzil (1215) hat deshalb formuliert: *„Zwischen Schöpfer und Geschöpf kann keine Ähnlichkeit ausgesagt werden, ohne dass zwischen ihnen eine noch größere Unähnlichkeit ausgesagt werden müsste."* (DH 806) Die Ähnlichkeit des Geschöpfes Gott gegenüber ist also einseitig.

Gebrauch, weil es die Wirklichkeit unserer Welt in ihrer ganzen Tiefe, nämlich in ihrem Verweischarakter auf Gott erfasst.

Anselm von Canterbury (1033–1109) lehrte in bezug auf Gott, dass *„nichts Größeres als er gedacht werden kann"*, ja dass er *„etwas Größeres ist, als gedacht werden kann"*.[1] Das Zweite bedeutet, dass also Gott in sich selbst „nicht gedacht werden kann"; er fällt nicht unter Begriffe und kann auch niemals als Argument „verwendet" werden; man kann nur hinweisend von ihm sprechen. Das Erste ist eine Aussage über die Welt: Gott *und* Welt zusammen können nicht noch mehr sein als Gott, sondern die Welt kann nur als das verstanden werden, was vollkommen darin aufgeht, ohne Gott nicht sein zu können. Um ein Bild zu gebrauchen: Das in einem fensterlosen, aber verspiegelten Raum reflektierte Licht einer brennenden Kerze ist nur das Licht der Kerze selbst und kein zum Licht der Kerze zusätzliches Licht.

In der Sicht von Anselm gilt im Übrigen, dass nur dann im Sinn der christlichen Botschaft überhaupt von Gott die Rede ist, wenn das, was man in Bezug auf ihn sagt, keine Steigerung zulässt. Steigerungsfähige Aussagen in Bezug auf Gott sprechen gar nicht wirklich von ihm, so fromm sie auch manchmal klingen.

Erst im Menschen, der sich seiner selber bewusst ist, kommt auch die ganze Welt zu einem Bewusstsein ihrer selbst. Der Mensch ist der Sprecher des Alls. Als fähig zur Selbstpräsenz, also zum Bezug auf sich selbst, wird der Mensch „Person" genannt. Da dies Vollkommenheit ist, muss man hinweisend von Gott erst recht die Vollkommenheit von Selbstpräsenz aussagen. Gott ist nicht dumpfes Existieren, sondern Selbstpräsenz in vollkommenem Erkennen und Wollen. Deshalb sagen wir: „Gott ist: ohne *wen* nichts ist". Tatsächlich muss ja Gott, wenn es wirklich ein „Wort Gottes" geben sollte, hinweisend als Person ausgesagt werden („wer" oder „wen" sind dabei in unserer Sprache weder Maskulinum noch Femininum, weder Singular noch Plural).

Das Apostolische Glaubensbekenntnis beginnt mit den Worten: *„Ich glaube an Gott, den Vater, den Allmächtigen, den Schöpfer des Himmels und der Erde"*. Mit dem *Glauben* „an Gott" ist nicht gemeint, dass Gottes Existenz geglaubt werden solle, sondern dass man mit der ganzen

---

1 *Proslogion* 15 (PL 158, 235).

eigenen Existenz auf den baut, den die *Vernunft* von unserem Geschaffensein her hinweisend erkennen kann. Und Gott wird nicht deshalb „allmächtig" genannt, weil er alles Mögliche könnte, sondern weil er *„in allem mächtig"* ist, was tatsächlich geschieht. Wenn dieser Gott für uns ist – darum wird es im Glauben an das Wort Gottes gehen –, dann kommt keine Macht der Welt dagegen an.

Bisher habe ich nur erläutert, was die Behauptung unseres *„Aus dem Nichts Geschaffenseins"* bedeutet. Es geht dabei auch um die Sperlinge und um die Haare auf unserem Haupt (vgl. *Lk 12,6–7),* einfachhin um überhaupt alles im Universum. Kann man die Wahrheit der Behauptung beweisen?

2.2 Geschöpflichkeitsbeweis statt Gottesbeweis

Wenn die Welt genau in dem Maß geschaffen (= *„restlos bezogen auf ... / in restloser Verschiedenheit von ...")* sein soll, in welchem sie ist, dann bedeutet dies, dass ihr Sein, ihre ganze Wirklichkeit, und ihr Geschaffensein ein und dasselbe sind. Dann muss ihr Geschaffensein mit der Vernunft erkennbar sein. Gegenstand der Vernunft ist die ganze weite Welt einschließlich ihres Geschaffenseins. Deshalb spricht das I. Vatikanische Konzil (1869–1870) ausdrücklich von der Möglichkeit „natürlicher Gotteserkenntnis"[1] durch die *Vernunft.* Ein Beweis der Geschöpflichkeit der Welt ist aber nicht dasselbe wie ein Gottesbeweis; denn wenn Gott nicht „unter" Begriffe fallen soll, dann kann es auch keine Gott und Welt übergreifenden Denkprinzipien geben, die Gott zum Gegenstand eines Schlussverfahrens machen könnten. Nur aufgrund unseres „restlosen Bezogenseins auf ... / in restloser Verschiedenheit von ..." können wir zu Recht – in Bezug auf Gott nur *hinweisend* – über uns aussagen, dass nichts ohne ihn sein kann.

Wie kann man Geschöpflichkeit beweisen? Alles in unserer Welt hat immer die Struktur einer Einheit von Gegensätzen. Als Beispiel kann

---

1 Vgl. DH 3004. Unsere Gotteserkenntnis besteht gerade darin, zu erkennen, dass wir ohne ihn nicht wären; diese Erkenntnis widerspricht nicht der Anerkennung der Unbegreiflichkeit Gottes.

Veränderung dienen, die ja von allem in der Welt gilt. Ich bin heute noch derselbe wie gestern. Aber ich bin doch nicht ganz derselbe, weil ich ja einen Tag älter geworden bin.[1] Es ist nichts an mir zu finden, was nicht von diesem Älterwerden betroffen wäre. Nun ist es unmöglich, dass kontradiktorische Gegensätze wie Identität und Nichtidentität unter einer einzigen Hinsicht zugleich bestünden.[2] Sie können aber auch nicht unter zwei verschiedenen Hinsichten, die sich wiederum ausschließen, zugleich bestehen. Wenn sich trotzdem nicht leugnen lässt, dass sie zugleich bestehen, dann müssen für diese Gegensätze zwei verschiedene Hinsichten bestehen, die sich aber (wegen des Zugleichs der Gegensätze) nicht wiederum ausschließen. Das Bestehen solcher Hinsichten setzen wir in jeder zutreffen sollenden Aussage über Dinge in unserer Welt logisch voraus. Durch diese Hinsichten erscheinen die Gegensätze als „relativiert" und miteinander versöhnt. Man kann ihr Zugleich von einem logischen Widerspruch angebbar unterscheiden.

Schwierig scheint es nur zu werden, wenn man die Hinsichten auch tatsächlich ausdrücklich angeben soll. Rein innerhalb des Zugleichs von Gegensätzen sind sie nicht zu finden. Sie woanders suchen zu wollen, löst das Problem nicht, wie ein Zugleich von Gegensätzen logisch widerspruchsfrei ausgesagt werden kann. So bleibt nur übrig, dass es sich bei dem Zugleich von Gegensätzen um ein „restloses Bezogensein

---

1 Man könnte vielleicht einwenden, dass die veränderten Zustände (Identität und Nichtidentität) doch nicht wirklich zugleich vorliegen, sondern zu verschiedenen Zeiten. Aber das wäre nur eine andere Beschreibung desselben Problems: Wie kann etwas zu unterschiedlichen Zeiten einerseits noch immer dasselbe bleiben und andererseits doch in sich selbst von diesen unterschiedlichen Zeiten betroffen sein?

2 Das ist das sogenannte ontologische Nichtwiderspruchsprinzip in Bezug auf die Wirklichkeit selbst. Ihm entspricht das logische Nichtwiderspruchsprinzip, wonach es unmöglich ist, dass eine Aussage und ihre Verneinung zugleich und unter derselben Hinsicht zutreffen können. Wenn dies dennoch möglich wäre, würde sich logisch ergeben, dass man aus jeder beliebigen Aussage jede beliebige andere Aussage ableiten könnte. Das logische Nichtwiderspruchsprinzip besagt also, dass nicht *alle* denkbaren Aussagen wahr sein können, und dass auch nicht *alle* denkbaren Aussagen falsch sein können; es lohnt sich also, nach der Wahrheit zu suchen. Es gilt, dass mit „insofern" beginnende Sätze immer auf „Hinsichten" hinweisen. In diesen geht es nicht nur um subjektive Sichtweisen des Erkennenden, sondern um präzisierte, die Gegensätze „relativierende" Tiefenaspekte der Wirklichkeit selbst.

auf ... / in restloser Verschiedenheit von ..." handelt. Das sind die einzigen voneinander unterscheidbaren Hinsichten, die sich doch nicht wieder ausschließen und die jeweils das ganze Zugleich von Gegensätzen umfassen. Wegen der Gegensätze müssen diese Hinsichten voneinander verschieden sein (sie dürfen einander nicht logisch implizieren), wegen des Zugleichs der Gegensätze dürfen sie sich nicht wiederum ausschließen. Das Zugleich von *Identität* und Nichtidentität besteht, insofern die betreffende Wirklichkeit zugleich ein *„restloses Bezogensein auf ...*/ in restloser Verschiedenheit von ..." ist; und es handelt sich um ein Zugleich von Identität und *Nichtidentität*, insofern sie in ihrem „restlosen Bezogensein auf ..." ein *„in restloser Verschiedenheit von ..."* ist.

Angenommen im Übrigen, irgendetwas in unserer Welt sei geschöpflich (= „restlos bezogen auf ... / in restloser Verschiedenheit von ..."), dann müsste es sich jeweils in sich selber um ein Zugleich von Gegensätzen handeln, wie man es tatsächlich bei allem in unserer Welt vorfindet.

Wenn es überhaupt logisch widerspruchsfrei *möglich* ist, die Welt als formal identisch (= *unauflöslich* identisch) mit ihrer Geschöpflichkeit (= „restlos bezogen auf ... / in restloser Verschiedenheit von ...") zu denken, dann *muss* sie sogar so gedacht werden. In einem solchen Verständnis wird die Welt wohlgemerkt nicht durch Gott erklärt (als wäre er ein Systembestandteil), sondern allein durch ihre Geschöpflichkeit, das heißt dadurch, dass sie auf Gott verweist. Beides ist nicht dasselbe.

Dieser Geschöpflichkeitsbeweis ist einfach und nur darin vielleicht etwas schwierig, dass er ungewohnt sein mag. Er bleibt auch in dem Sinn zunächst abstrakt, dass es in ihm noch nicht um Gemeinschaft mit Gott geht. Es genügt jedoch bereits zur Verantwortbarkeit der Rede von Gott, dass Geschöpflichkeit nicht widerlegt werden kann. Sie könnte nur dann widerlegt werden, wenn es jemandem gelänge, irgendeinen weltlichen Sachverhalt zu benennen, der nicht die Struktur einer unauflöslichen Einheit von Gegensätzen hätte.

Mir ist noch kein Atheist begegnet, der dieses durchaus ungewohnte Verständnis des Wortes „Gott", wie es der christlichen Botschaft zugrunde liegt, zutreffend mit eigenen Worten hätte wiedergeben können. Sie lehnen immer nur ein Gottesverständnis ab, welches die konsistent verstandene christliche Botschaft ebenfalls ablehnt. Damit ist natürlich nicht ausgeschlossen, dass viele im Namen einer christlichen Botschaft auftreten, die sie selber leider noch nicht konsistent verstehen. Das zeigt sich insbesondere daran, dass sie keine Rückfragen zulassen. Missverständnisse lassen sich immer an ihrer Inkonsistenz, ihrer inneren Widersprüchlichkeit erkennen, bei der sich keine Hinsichten mehr angeben lassen.

> **Natürliche Gotteserkenntnis durch die Vernunft**
> Die Welt lässt sich nicht mit Gott erklären, sondern allein durch ihre Geschöpflichkeit, die darin besteht, dass sie ein „restloses Bezogensein auf ... / in restloser Verschiedenheit von ..." ist. Man begreift von Gott immer nur das von ihm Verschiedene, das auf ihn verweist.

3   Wie kann man Gott ein menschliches Wort zuschreiben?

Soeben war gesagt worden, Geschöpflichkeit bestehe darin, dass die Welt völlig in einem einseitigen Bezogensein auf eine von ihr verschiedene Wirklichkeit aufgeht, die nur durch diese Aussage definiert werden kann, dass nichts ohne sie sein kann. Wenn wir nun in der umgekehrten Richtung sagen, dass Gott die Welt geschaffen habe, bedeutet dies dennoch nicht eine reale Beziehung Gottes auf die Welt, sondern nur eine Beziehung in unseren Gedanken (von unserem hinweisenden Gottesbegriff wieder zur Welt), deren einziges Fundament in der Wirklichkeit selbst die Tatsache ist, dass die Welt vollkommen in ihrem einseitigen Bezogensein auf Gott aufgeht.[1]

Aber die Rede der christlichen Botschaft von einem Wort Gottes scheint doch zu behaupten, dass Gott sich der Welt real zuwendet. Und der Inhalt dieses Wortes ist sogar, dass sich die Welt in eine ewige Liebe Gottes aufgenommen und so geborgen wissen dürfe. Wie soll dies

---

1 Vgl. bereits Thomas von Aquin, *Summa theologiae* I q13 a7 c sowie *Contra gentiles* lib. 2, cap. 12, n. 1–2.

damit vereinbar sein, dass das reale Bezogensein der Welt auf Gott einseitig ist, während ein Bezogensein Gottes auf die Welt, für das die Welt das es konstituierende Woraufhin wäre, sich nur in unseren Gedanken abspielt?

In allen Religionen geht es letztlich um Gemeinschaft mit Gott, und etwas Größeres kann es nicht geben. Aber die Frage bleibt offen, wie denn Gemeinschaft mit Gott überhaupt ausgesagt werden kann, wenn die Welt in einer bloß einseitigen Relation auf ihn aufgeht. Solange diese Frage offen bleibt, liegt sowohl auf der Heiligen Schrift Israels wie über allen Völkern und Religionen ein verhüllender Schleier (vgl. *2 Kor 3,14b* und *Jes 25,7*).

Es ist tatsächlich ausgeschlossen, dass die Welt das bestimmende Woraufhin eines Bezogenseins Gottes auf sie sei, so dass dieses Bezogensein überhaupt erst dadurch entstünde, dass die Welt dessen Woraufhin ist. Dann müsste Gott sozusagen ein neues Bezogensein hinzugewinnen und würde so seinerseits von der Welt abhängig und damit selber zu einem Stück Welt. Mit einer solchen Vorstellung, die Gott zu einem Systembestandteil machte, würde man nachträglich das *„Aus dem Nichts Geschaffensein"* der Welt bestreiten, nämlich dass sie in ihrem einseitigen *„restlosen Bezogensein auf ... / in restloser Verschiedenheit von ..."* vollkommen aufgeht.

3.1 Dreifaltigkeit Gottes

Angesichts der Einseitigkeit der Relation des Geschaffenen auf Gott erläutert die christliche Botschaft ihren Anspruch, als Wort Gottes die Zuwendung Gottes zu uns zu sein, so: Gottes Zuwendung zu uns besteht darin, dass wir vom ersten Augenblick unserer Existenz an, also von vornherein, in eine ewige Liebe Gottes zu Gott, nämlich die des Vaters zum Sohn, die der Heilige Geist ist, aufgenommen sind.

In der Graphik auf der folgenden Seite ist das schwarz Dargestellte (die Welt als geschaffen) Gegenstand der *Vernunft*; Gegenstand des *Glaubens* ist das rot Dargestellte (das Aufgenommensein der geschaffenen Welt in die gegenseitige Liebe von Vater und Sohn). Diese Relation ist ewig und ungeschaffen.

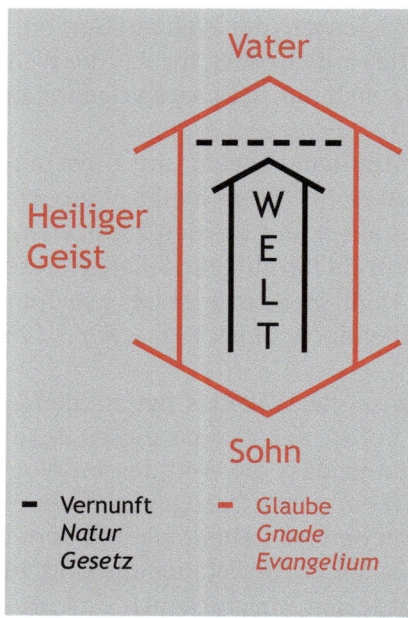

Weiter unten (Kapitel 4) wird erläutert werden, inwiefern der Unterscheidung von Vernunft und Glaube die Unterscheidung von *„Natur"* (= alles Geschaffene) und *„Gnade"* (= die Gemeinschaft mit Gott) und die Unterscheidung von *„Gesetz"* und *„Evangelium"* entspricht.

Um unsere Gemeinschaft mit Gott aussagen zu können, spricht die christliche Botschaft also von der Dreifaltigkeit Gottes: Der eine Gott existiere als drei voneinander verschiedene Weisen der Selbstpräsenz, welche die christliche Botschaft als „Vater", als „Sohn" und als „Heiliger Geist" bezeichnet: drei Personen in einer Natur.

Aufgrund unseres eigenen Personseins[1], unserer Fähigkeit zur Selbstpräsenz, sprechen wir hinweisend auch in Bezug auf Gott von Selbstpräsenz, von Bezogensein der einen Wirklichkeit Gottes auf sich selbst. Die christliche Botschaft schreibt Gott hinweisend drei voneinander verschiedene und untereinander unterschiedlich vermittelte Weisen der Selbstpräsenz zu. Diese drei Weisen der Selbstpräsenz Gottes, die wir *„Personen"* nennen, sind in der folgenden Weise aufeinander bezogen:

Der *Vater* ist ohne Ursprung, eine unmittelbare Selbstpräsenz der einen Wirklichkeit Gottes.

Der *Sohn* hat alles, was er ist oder hat, vom Vater. Er ist, wie das Große Glaubensbekenntnis formuliert, *„gezeugt, nicht geschaffen"*. Mit *„gezeugt"* bzw. *„aus dem Vater geboren"* ist gemeint, dass der Sohn eine von Ewigkeit her durch die Selbstpräsenz des Vaters vermittelte Selbstpräsenz derselben einen Wirklichkeit Gottes ist. Mit *„nicht geschaffen"* ist

---

1 DERS., *Super librum de causis*, l. 15 spricht von *„reditio completa"*, der kreisartig „ganz zurückkehrenden" Relation einer Geistnatur auf sich selbst.

gemeint, dass er also Gott ist und nicht wie die Welt ein „restloses Bezogensein auf die Wirklichkeit Gottes in restloser Verschiedenheit von ihr". Vielmehr ist er Selbstpräsenz der einen Wirklichkeit Gottes ohne Verschiedenheit von ihr – also eine zweite Selbstpräsenz, die als zweite die erste voraussetzt.

Der *Heilige Geist* ist die gegenseitige ewige Liebe zwischen dem Vater und dem Sohn. Er ist eine dritte Selbstpräsenz der einen Wirklichkeit Gottes; diese dritte Selbstpräsenz setzt die des Vaters und des Sohnes voraus. Der Heilige Geist geht als ihre gegenseitige Liebe *„vom Vater und vom Sohn aus"*, jedoch so, dass der Sohn es vom Vater allein hat, Mitursprung des Heiligen Geistes zu sein. Der Vater ist der alleinige Letztursprung auch des Heiligen Geistes.[1]

Die Kreise in der Graphik sind nicht als Flächen, sondern als Linien gemeint, als drei voneinander verschiedene Relationen der Selbstpräsenz ein und derselben einen Wirklichkeit Gottes.

Wir sprechen von der Dreifaltigkeit Gottes, um aussagen zu können, dass die Welt vom ersten Augenblick ihrer Existenz an innerhalb der gegenseitigen Liebe des Vaters und des Sohnes geschaffen worden ist; Gottes Liebe zur Welt ist die ewige Liebe zwischen dem Vater und dem Sohn und hängt nicht von geschaffenen Bedingungen ab. Deshalb ist sie verlässlich. In sie von vornherein (noch ehe man selber darum weiss) aufgenommen zu sein, bedeutet ein solches Geborgensein, dass keine Macht der Welt, nicht einmal der Tod, dagegen ankommt. Gott hat gar keine andere Liebe als diese.

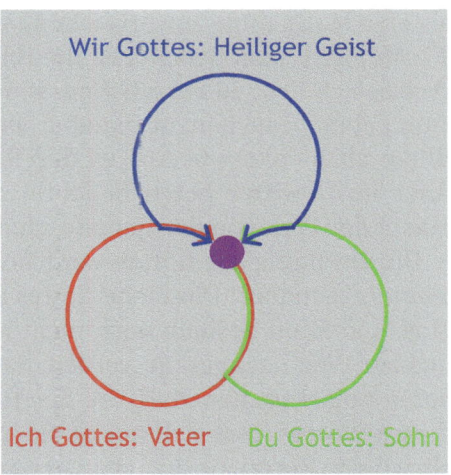

---

1 Vgl. die Aussagen des Konzils von Florenz (1439–1445), DH 1300–1302, 1330–1331; in diesem Konzil ging es auch um die Frage einer Verständigung mit den Ostkirchen. Selbst wenn man sich darauf beschränkt zu sagen, dass der Heilige Geist vom Vater ausgeht, ist darin impliziert, dass er die gegenseitige Liebe zwischen Vater und Sohn ist und so vom Vater „auch durch den Sohn [*Filioque*]" ausgeht.

Die Dreifaltigkeit Gottes ist Grundgeheimnis des christlichen Glaubens. Wir beginnen unsere Gebete *„im Namen des Vaters und des Sohnes und des Heiligen Geistes"* und wollen damit aussagen, dass der Geist des Sohnes in unsere Herzen gesandt ist und wir in ihm *„Abba, Vater"* beten (vgl. *Röm 8,14–17* und *Gal 4,4–7*). Der Vater hört in unserem Beten seinen eigenen Sohn. Beten im Namen Jesu bedeutet Antworten auf das Wort Gottes: Gott als den anzurufen, in dessen Liebe man sich geborgen weiß (vgl. das Vaterunser, in dessen einzelnen Bitten bereits das zu geschehen beginnt, worum man bittet, und *Ps 23*).

Dagegen ist es nicht sinnvoll, auf unser Gebet noch eine weitere Antwort oder gar ein „Eingreifen" vonseiten Gottes zu erwarten, wo doch von vornherein nichts ohne ihn sein kann.[1] Es wäre illusorisch, Gebet als eine Maßnahme zur Erreichung von Vorteilen zu verstehen (vgl. *Jer 45; Mt 5,45*). Zum Beispiel ist die Bitte um das tägliche Brot nicht eine Weise, sich Brot zu verschaffen, sondern bedeutet, mit allem, was wir zum Leben brauchen, in Dankbarkeit Gott gegenüber umzugehen. Um Blitze abzulenken, bedarf es der Blitzableiter und nicht des Gebets. Aber im Gewitter beten bedeutet das Vertrauen darauf, dass keine Macht der Welt von der Gemeinschaft mit Gott trennen kann.

Die Dreifaltigkeit Gottes wird im folgenden Sinn ein *„Glaubensgeheimnis"* genannt: Die Liebe Gottes zur Welt hat nicht an der Welt ihr Maß und kann deshalb auch nicht an ihr abgelesen werden. Es muss uns zur Welt dazugesagt werden, dass wir in die Liebe des Vaters zum Sohn aufgenommen sind, die der Heilige Geist ist. Und die Wahrheit dieses Wortes lässt sich nur in einem Glauben erkennen, von dem die christliche Botschaft sagt, dass er das Erfülltsein vom Heiligen Geist ist. Aber der Begriff Glaubensgeheimnis hat nichts mit logischen Schwierigkeiten oder gar Widersprüchlichkeit zu tun. Genau deshalb, weil wir

---

1 Der spanische Mystiker Juan de la Cruz (1542–1591) schreibt: *„Indem uns Gott seinen Sohn so gab, wie er ihn uns gegeben hat – er ist sein eines Wort, und ein anderes hat er nicht –, hat er uns alles zusammen und auf einmal in diesem einzigen Wort gesagt, und mehr hat er nicht zu sagen. [...] Wer deshalb jetzt noch Gott befragen oder irgendeine Vision oder Offenbarung wünschen wollte, beginge nicht nur eine Torheit, sondern wendete sich gegen Gott, indem er die Augen nicht ganz auf Christus richtet, sondern etwas anderes oder Neues verlangt."* (Aufstieg zum Berge Karmel, Buch 2, Kap. 22, 3.5)

uns für das Geheimnis des Glaubens und seine Entfaltung in einzelne Dogmen ("Glaubensgeheimnisse") auf ein Wort berufen, das die Herzen gewiss machen will, ist es ausgeschlossen, dass ein Glaubensgeheimnis etwas Rätselhaftes oder gar Unverständliches sein könnte. Die so erläuterte Lehre von der Dreifaltigkeit Gottes lässt sich auch nicht als Dreigötterlehre abtun, weil es um drei Selbstpräsenzen ein und derselben Wirklichkeit geht; es handelt sich auch nicht um einen so genannten "Modalismus" (drei im Grunde in eins fallende Erscheinungsweisen), weil die drei Weisen der Selbstpräsenz der einen Wirklichkeit Gottes voneinander unterschieden bleiben (die eine ist nicht die andere).

Glaubensgeheimnis der Dreifaltigkeit

Die christliche Botschaft schreibt Gott drei Weisen der Selbstpräsenz zu: *Gott Vater*, eine unmittelbare Selbstpräsenz ohne Ursprung; *Gott Sohn*, eine durch den Vater vermittelte Selbstpräsenz, und *Gott Heiliger Geist*, die dritte Selbstpräsenz, die die gegenseitige ewige Liebe von Vater und Sohn ist und die Vater und Sohn voraussetzt. Die Dreifaltigkeit Gottes ist also ein nicht an der Welt ablesbares Glaubensgeheimnis; seine Wahrheit ist nur dem Glauben selbst als dem Erfülltsein vom Heiligen Geist zugänglich; Vernunfteinwände hingegen lassen sich mit Vernunft entkräften.

Im Glauben geht es darum, dass wir in die Liebe Gottes zu Gott hineingeschaffen sind. Da Gottes Liebe ihr Maß nicht an etwas Geschaffenem hat, kann sie nicht an unserem Wohlbefinden ablesbar sein. Deshalb kann man auch nicht Gottes Güte und seine Allmacht gegeneinander ausspielen. Sie würden dann beide völlig missverstanden: Gottes Allmacht besteht nicht darin, dass er Beliebiges tun könnte, sondern dass er in allem *wirklichen Geschehen* der Mächtige ist; und seine Güte besteht nicht in einer Garantie unseres Wohlbefindens, sondern darin, dass er uns so Gemeinschaft mit sich selbst gibt, dass selbst der Tod dagegen keine Macht hat. Anstatt zu fragen, wie ein gütiger Gott das Leid in der Welt zulassen könne, fragt die christliche Botschaft, was der Glaube an unsere Gemeinschaft mit Gott für unseren Umgang mit dem Leid ausmacht: *"Denn ich bin gewiss: Weder Tod noch Leben, weder Engel noch Mächte, weder Gegenwärtiges noch Zukünftiges, weder*

*Gewalten der Höhe oder der Tiefe noch irgendeine andere Kreatur kön-
nen uns scheiden von der Liebe Gottes, die in Christus Jesus ist, unserem
Herrn."* (*Röm 8,38f*) Unser ewiges Leben beginnt bereits jetzt mit dem
Glauben an Jesus Christus (*Joh 3,36; 17,3*).

So erlöst der Glaube von der so genannten *„Theodizeefrage"*; diese ist
sinnlos, weil sie auf einem Missverständnis sowohl von der Allmacht
wie der Güte Gottes beruht. Der Glaube an Gott als Geborgenheit in der
Gemeinschaft mit ihm bedeutet die Alternative zur Theodizeefrage und
ist zugleich die Befreiung davon, irgendetwas in der Welt vergöttern zu
müssen.

Befreiung von der Theodizeefrage

Gottes Allmacht besteht nicht darin, was er alles können müsste, er
ist vielmehr in allem, was geschieht, mächtig. Seine Güte besteht nicht
darin, uns Leid und Tod zu ersparen, sondern so mit sich Gemeinschaft zu geben, dass dagegen keine Macht der Welt, nicht einmal der
Tod ankommt. Anstatt zu fragen, warum Gott dies oder jenes zulässt,
ist zu fragen, was der Glaube für unseren Umgang mit dem Leid ausmacht. Der Glaube ist der Gegensatz zu jeder Form von Weltvergötterung oder Verzweiflung an der Welt und er befreit so aus der Theodizeefrage, die auf logisch widersprüchlichen Voraussetzungen aufbaut.

3.2 Die Menschwerdung des Sohnes

Unsere Gemeinschaft mit Gott kann nur durch das Wort ihrer Verkündigung zu unserer Kenntnis gelangen. Wort ist immer Kommunikation
unter Menschen. Wie kann man aber dem ewigen Gott, der als solcher
„in unzugänglichem Licht wohnt" (*1 Tim 6,16*), ein menschliches Wort
zuschreiben?

Dafür beruft sich die christliche Botschaft auf die Menschwerdung
des Sohnes Gottes in Jesus von Nazaret. Sie ermöglicht ein menschliches Wort, das Gottes Wort ist.

Der Mensch *Jesus* von Nazaret ist vom ersten Augenblick seiner geschaffenen Existenz an in seiner Fähigkeit zu menschlicher

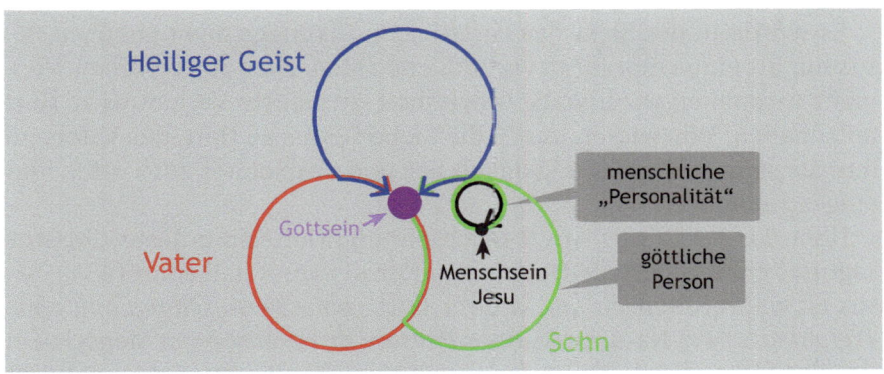

Selbstpräsenz (seiner menschlichen „Persönlichkeit") hineingeschaffen in die ewige Selbstpräsenz Gottes, die wir den Sohn nennen. Diese macht als die letztlich tragende Selbstpräsenz die göttliche „Person" Jesu aus. Das Verhältnis des Gottseins zum Menschsein Jesu ist diese Selbstpräsenz Gottes. Man spricht deshalb von der *„hypostatischen Union"* des Gottseins mit dem Menschsein, nämlich durch die zweite göttliche Person (Hypóstasis).

An Jesus als den Sohn Gottes zu glauben (was die Zusammenfassung des ganzen christlichen Glaubens ist) bedeutet deshalb: *Aufgrund seines Wortes sich und die ganze Welt von vornherein in die ewige Liebe des Vaters zu ihm aufgenommen zu wissen.* Man spricht gar nicht von der Gottessohnschaft Jesu in dem Sinn, in dem sie in der christlichen Botschaft gemeint ist, solange man nicht erfasst, dass es sich zugleich in der Gegenwart um eine Aussage über einen selbst handelt. Denn in allem, was wir glauben, geht es nach dem Großen Glaubensbekenntnis um etwas, das *„für uns Menschen und um unseres Heiles willen"* geschieht. Es geht um unser Geborgensein in der Liebe des Vaters zum Sohn. Man kann also gar nicht sinnvoll von Jesus Christus isoliert für sich allein sprechen. Dann wird man seine Bedeutung niemals erfassen. Und nach dem Glaubensbekenntnis sind wir bereits *„in Christus geschaffen"* (vgl. auch *Kol 1,16*). Aber genau dies wird erst durch die Menschwerdung des Sohnes in einer Weise offenbar, die verstehbar weitergesagt werden kann. Dabei gilt: Nur von *gegenwärtiger* Glaubensverkündigung her besteht Zugang zur Gottessohnschaft Jesu (ohne die heutige Glaubensverkündigung wäre sie nicht erkennbar).

Es würde in der Sicht des christlichen Glaubens nicht genügen, Jesus nur als einen moralisch vorbildlichen Menschen zu verstehen. Vielmehr verdanken wir ihm die Gewissheit, an seinem Verhältnis zu Gott teilzuhaben: Wir wissen uns in die Liebe Gottes zu Gott, des Vaters zu ihm als seinem Sohn von Ewigkeit her und des Sohnes zum Vater, hineingeschaffen.

Über das Verhältnis von Menschsein und Gottsein in Jesus Christus sagt das christologische Dogma des Konzils von Chalkedon (451)[1] Jesus ist wahrer Mensch und wahrer Gott, *„ohne Vermischung und ohne Trennung"*: zwei Naturen in einer Person. Er ist in seinem Menschsein *„in allem uns gleich, außer der Sünde"*; das heißt, sein Gottsein wirkt sich auf sein Menschsein in nichts anderem aus, als dass er nicht aus der Angst um sich lebt und durch die Anteilgabe an seinem Verhältnis zu Gott auch andere Menschen aus der Macht der Angst um sich selber zu befreien vermag.

Dem Verhältnis des Gottseins zum Menschsein Jesu entspricht das Verhältnis der ewigen göttlichen Wahrheit der christlichen Botschaft zu ihrem Gesagtwerden in einem ganz und gar gewöhnlichen menschlichen Wort. Es besteht keine Vermischung, das heißt, man kann die Wahrheit des Wortes nicht zum Beispiel an seiner Lautstärke oder an seinem Wohlklang oder an dem Eifer, mit dem es vertreten wird, *ablesen*. Es besteht aber auch keine Trennung, sondern die Wahrheit des Wortes kann nur in diesem Wort selber erkannt werden.

So sind Gottsein und Menschsein in Jesus nicht miteinander vermischt, als wäre er ein Übermensch, sondern sie bleiben voneinander verschieden. Sie sind aber auch nicht getrennt voneinander, sondern sind in der göttlichen Relation der Selbstpräsenz Gottes, die wir den Sohn nennen, aufeinander bezogen, also miteinander verbunden. Es ist dieses menschliche Wort, das die göttliche Wahrheit verkündet; und es ist die göttliche Wahrheit, die nur durch dieses Wort zu unserer Kenntnis gelangt. An dem *„ohne Vermischung / ohne Trennung"* hängt die Unterscheidbarkeit des christlichen Glaubens von Mythologie, die immer Gott und Welt miteinander unter einen übergreifenden Seinsbegriff zu stellen und miteinander zu vermischen versucht.

---

1 DH 301–302.

Diese Begriffe („ohne Vermischung / ohne Trennung") bleiben jedoch unverständlich, solange man ohne den Relationsbegriff auskommen will und keine andere Einheit voneinander verschiedener Wirklichkeiten wahrhaben will als die, welche entweder in einer gemeinsamen Schnittmenge oder wenigstens in dem Aneinander-Angrenzen, einem Berührungspunkt dieser Wirklichkeiten besteht. Aber Gottsein und Menschsein können weder als aneinander angrenzend noch gar als einander überschneidend ausgesagt werden.

Jesus Christus – wahrer Mensch und wahrer Gott

Zum Verständnis der christlichen Botschaft bedarf es also anstelle der üblichen Substanzmetaphysik einer relationalen Ontologie. In diesem Sinn bringt die christliche Botschaft ihre eigene Philosophie und damit ihr eigenes Vorverständnis mit sich. Die göttliche Natur Jesu und seine menschliche Natur bleiben ohne Vermischung, also voneinander verschieden (die eine ist nicht die andere), und sie bleiben ohne Trennung, weil sie ja durch die Relation der göttlichen Selbstpräsenz, die der Sohn ist, miteinander verbunden sind.

Das Apostolische Glaubensbekenntnis erklärt, Jesus sei durch den Heiligen Geist empfangen und aus der Jungfrau Maria geboren. Bereits von ihm gilt wie dann von allen Glaubenden, dass sie in ihrer Eigenschaft als vom Heiligen Geist erfüllte Glaubende *„nicht aus dem Blut, nicht aus dem Willen des Fleisches, nicht aus dem Willen des Mannes, sondern aus Gott geboren sind" (Joh 1,13)*. Diese Glaubensaussage darf nicht in einem naturwissenschaftlichen Sinn missverstanden werden. Vielmehr: An Maria offenbart sich der Heilige Geist als die Liebe, mit welcher der Vater den Sohn sendet. In der Kirche offenbart er sich als die antwortende Liebe des Sohnes zum Vater, in die wir einstimmen.

Die Heilige Schrift, das früheste Zeugnis unseres heutigen Glaubens, schreibt Jesus viele Wunder zu. Das eben genannte christologische Dogma von Chalkedon, nach welchem Jesus in seinem Menschsein *„in allem uns gleich ist außer der Sünde",* will davor bewahren, diese Texte in einem abergläubischen Sinn misszuverstehen und Jesus in seinem Menschsein übermenschliche Fähigkeiten zuzuschreiben.

Unter einem Wunder versteht die christliche Botschaft 1) ein sinnenhaftes Geschehen, dem man 2) irdisch nicht gerecht werden kann (denn man kann die in ihm bezeugte Selbstmitteilung Gottes aus der Welt weder begründen noch widerlegen) und das 3) nur im Glauben als das Geschehen der Selbstmitteilung Gottes verstanden werden kann. Ein solches Wunder ist die christliche Botschaft selbst, die aus ihr begründete Glaubensgemeinschaft der Kirche und die aus Glauben erwachsende selbstlose Liebe. Von diesem wirklichen Geschehen spricht die Heilige Schrift in anschaulichen Bildern, in dem sie etwa vom sturmstillenden Wort oder dem bergeversetzenden Glauben oder der brotvermehrenden Liebe spricht. Im christlichen Sinn gibt es keine anderen Wunder als das Geschehen von Wort, Glaube und Liebe. Jede Vorstellung von einem anderen Eingreifen Gottes in die Welt würde verkennen, dass von vornherein nichts von ihr ohne Gott sein kann. Eine solche Vorstellung wäre vermeintlich fromm, aber in Wirklichkeit gottlos. Deshalb ist der Glaube an diese wirklichen Wunder streng von Wunderaberglauben zu unterscheiden, der darin besteht, an die Existenz bestimmter geschöpflicher Sachverhalte zu glauben, anstatt auf die Selbstmitteilung Gottes in Wort, Glaube und Liebe zu vertrauen. Es ist im Übrigen ausdrückliche kirchliche Lehre, dass die Hinordnung auf die Gemeinschaft mit Gott *„der zeitlichen Ordnung in keiner [!] Weise ihre Autonomie, ihre eigenen Ziele, Gesetze, Methoden und ihre eigene Bedeutung für das Wohl der Menschen nimmt."*[1] Die Welt folgt der ihr innewohnenden Eigengesetzlichkeit, und auch diese wäre ohne Gott nicht. Diese Eigengesetzlichkeit wird niemals durchbrochen.

Wunder im christlichen Sinn

Wunder im christlichen Sinn sind Gottes Selbstmitteilung in seinem Wort, das den Glauben ermöglicht, aus dem Hoffnung und Liebe folgen.

Man könnte fragen, wie Jesus selber in seinem Menschsein seine Gottessohnschaft erkennen konnte und wie sich diese Erkenntnis für ihn selbst von einer bloß subjektiven Überzeugung unterscheiden ließ.

---

1 II. Vatikanum, Dekret über das Laienapostolat, n. 7,2.

Jesus lebte faktisch aus der Glaubensgewissheit, so von Gott geliebt zu sein, dass dies für alle heilbringend ist. Und er machte in der Wirklichkeit außerhalb seiner die Erfahrung, dass sich niemand seiner Botschaft mit *stichhaltigen* Gründen entziehen konnte; dies war ein auch für ihn vorgegebener Sachverhalt, der ihn seine eigene Gewissheit von einer bloß subjektiven Gewissheit unterscheiden ließ. Er erkannte den gleichen Gott, von dem er sich gesandt wusste, bereits am Werk im Herzen der Menschen, die zu ihm kamen (vgl. *Joh 6,44; Mt 16,17*). In diesem Sinn war auch Jesus für seine eigene Gewissheit auf die Kommunikation mit anderen Menschen angewiesen. Es ist von vornherein nicht möglich, seine Gottessohnschaft isoliert für sich und abgesehen von ihrer Bedeutung für andere Menschen überhaupt zu verstehen.

Jesus ist um seiner Botschaft willen und deshalb, weil er für sie Anhänger fand, von denen hingerichtet worden, die ihre Macht darauf aufbauen, andere zu bedrohen. So ist das Kreuz Jesu das *Martyrium* (vgl. *1 Tim 6,13; Offb 1,5*) für seine befreiende und den Menschen aus der Macht der Angst um sich selbst erlösende Botschaft. In diesem Sinn sagen wir, dass wir durch das Kreuz Christi, nämlich die Hingabe seines Lebens für uns, erlöst worden sind, genauer also: durch das Wort, das er mit seinem Leben bezeugt hat. Die Erlösung selbst besteht in unserem Glauben an sein Wort. Sie ist die Befreiung aus der Macht der Angst um sich.

Angesichts des Todes ist Jesu Gottessohnschaft identisch mit seiner Auferstehung. Diese kann nicht als zu Jesu Gottessohnschaft *zusätzlicher* Glaubensgegenstand verstanden werden, sondern nur als deren definitives Offenbarwerden für den Glauben, der das Erfülltsein vom Heiligen Geist ist. Die Gemeinschaft des Menschen Jesus mit Gott, die in seiner Gottessohnschaft besteht, kann durch die Macht des Todes nicht aufgehoben werden. Indem wir uns aufgrund seiner Botschaft in sein Verhältnis zum Vater aufgenommen wissen, haben wir in bewusster Weise an seinem Leben Anteil. Jesus selbst hat sein Verständnis von Auferstehung damit begründet, dass der Gott Abrahams, Isaaks und Jakobs als der in allem Mächtige kein Gott von Toten, sondern nur von Lebenden sein kann (*Mk 12,18–27*).

In der Tat besteht unsere Erlösung darin, dass wir zu Glaubenden werden und damit zu Menschen, die sich für immer in der Liebe

Gottes geborgen wissen. Der Mensch wird ohne Glauben geboren; von sich aus kann er sich nur als verwundbar und vergänglich erkennen und wird deshalb aus der Angst um sich selber leben, welche die Wurzel alles Bösen in unserer Welt ist. Aus dieser Situation wird er durch den Glauben erlöst.

Deshalb heißt es in *Hebr 2,15*: Der Sohn Gottes hat an unserem Menschenschicksal teilgenommen, *„um diejenigen zu befreien, die aus Todesfurcht ihr ganzes Leben hindurch gezwungen waren zur Knechtschaft"*. Diese Zwangsmacht der Todesfurcht wird in der theologischen Tradition als Erbsünde bezeichnet. Die Erbsünde ist die Kehrseite der Medaille, dass der Glaube nicht mit den Chromosomen angeboren ist, sondern uns ähnlich wie unsere Muttersprache nur durch nachträgliche mitmenschliche Kommunikation zukommen kann. Angeboren ist unsere irdische, vergängliche Existenz ohne den Glauben. Dadurch, dass Menschen zum Glauben kommen, wird die Erbsünde in dem Sinn getilgt, dass die Todesfurcht keine Macht mehr über die Glaubenden hat. Zwar ist unsere irdische Existenz von vornherein die „in Christus" geschaffene, aber dies muss man gesagt bekommen. Denn die Liebe zwischen Vater und Sohn, in die die Welt hineingeschaffen ist, hat ihr Maß nicht an der Welt, sondern an Gott; sie ist als der Heilige Geist Gott.

Erlösung wovon, wodurch und wozu?

Jesus wurde wegen seiner Botschaft und weil er für sie Anhänger gefunden hat, gekreuzigt. An sein Wort glauben heißt, nicht mehr unter der Macht der mit der Todesverfallenheit mitgegebenen Angst um sich selber (= „Erbsünde", vgl. Hebr 2,15) zu leben, die die Wurzel des Bösen in der Welt ist. Aus Glaube erwächst Liebe.

---

4 Der auf das Wort Gottes gerichtete Glaube

Die christliche Botschaft selbst versteht den Glauben als das Erfülltsein vom Heiligen Geist. Er bezieht sich auf unser reales Geborgensein in der Liebe zwischen Vater und Sohn, die der Heilige Geist ist. *„Niemand kann sagen: Jesus ist Herr, außer im Heiligen Geist."* (*1 Kor 12, 3*)

Unser Geschaffensein ist unsere *„Natur"*; als *„Gnade"* dagegen bezeichnet man in der katholischen Theologie unsere Gemeinschaft mit Gott, die darin besteht, in die Liebe des Vaters zum Sohn aufgenommen zu sein. Dabei ist unsere Natur nicht einfach etwas Vorhandenes, sondern wird als das erfahren, was uns im Gewissen beansprucht, und damit als *„Gesetz"*. Und auch die Gnade ist nicht so etwas wie eine Art jenseits des Bewusstseins liegende Kraftzufuhr, sondern begegnet uns als unsere Gemeinschaft mit Gott im Wort ihrer Verkündigung, dem *„Evangelium"*, der guten Botschaft. Es handelt sich deshalb um eine *„gute* Botschaft", weil sie nicht wie das Gesetz als eine Forderung begegnet, deren Erfüllung noch aussteht, sondern weil sie als Einladung, wenn sie als wahr erkannt wird, bereits angenommen ist. Diese Botschaft fordert nichts von uns, sondern ermöglicht selber ihre Annahme und überhaupt alles liebevolle Handeln.

Die ganze christliche Botschaft will auf dem Hintergrund des *„Gesetzes"* als *„Evangelium"* verstanden werden. Das Evangelium befähigt, das Gesetz zu erfüllen. Denn es entmachtet die Angst des Menschen um sich, die ihn sonst immer wieder daran hindert, seinem Gewissen zu folgen und sich also menschlich anstatt unmenschlich zu verhalten. Das eher in reformatorischer Theologie beheimatete Begriffspaar „Gesetz und Evangelium" bedeutet, so scheint mir, eine große Hilfe, das katholische Begriffspaar „Natur und Gnade" sachgemäß zu verstehen.

Man kann Gottes Gnade nur deshalb annehmen, weil man längst in ihr steht: Die ganze Welt ist „in Christus" geschaffen. Da man Gottes Gnade nur im Glauben erkennen kann und damit bereits angenommen hat, kann man sie nicht wissentlich ablehnen. Außerhalb von Glauben ist nicht erkennbar, dass man es in der christlichen Botschaft wirklich mit Gott zu tun hat. Von sich selbst her betrachtet steht der Mensch von vornherein außerhalb jeder Gemeinschaft mit Gott; aber vom Glauben her gesehen besteht seine wahre, noch tiefere Wirklichkeit darin, von vornherein in der Gemeinschaft mit Gott geborgen zu sein. Dies ist theologisch mit der Rede vom „Urstand" des Menschen gemeint.

Zum Glauben kommen heißt also nicht, von einem Bereich außerhalb der Gnade Gottes nachträglich in diese hineinzukommen, sondern nur die unheilvolle Illusion aufzugeben, man befinde sich außerhalb der Gnade Gottes.

Gesetz und Evangelium – Natur und Gnade

Katholisch spricht man von „Natur" und „Gnade", nämlich dem Geschaffen-sein, und dem „in Christus" dieses Geschaffenseins. Reformatorische Theologie lässt darauf achten, dass unsere Geschöpflichkeit zugleich bedeutet, ständig im Gewissen beansprucht zu sein („Gesetz"), und dass auch die Gnade als das „Evangelium" von der Gemeinschaft mit Gott das Herz des Menschen anspricht. Es befreit aus der Macht derjenigen Angst um sich selber, die sonst so oft an der wahren Gesetzeserfüllung hindert, die in der Liebe besteht. Das Evangelium ist eine Einladung, die als solche verstanden bereits angenommen ist. Es fordert nicht, sondern ermöglicht.

4.1 Glaube und Vernunft

Unter „Vernunft" soll im Folgenden in einem ganz weiten Sinn jede verantwortliche Weise verstanden werden, mit der Wirklichkeit unserer Welt umzugehen. Zur Vernunft gehören nicht nur Logik und Mathematik, sondern zum Beispiel auch Technik und künstlerische Kreativität und vor allem unsere Fähigkeit, uns in die Situation anderer Menschen hineinzuversetzen, so dass wir uns mit ihnen freuen oder mit ihnen leiden können (vgl. *Röm 12,15; Hebr 13,3*). Dagegen wäre unverantwortliches Handeln mit Unvernunft gleichzusetzen.

Es gibt keinen Glauben ohne Vernunft. Die Glaubens-Würdigkeit der christlichen Botschaft (dass sie desjenigen Glaubens wert ist, der nur als Gottes Gnade, als Erfülltsein vom Heiligen Geist verstanden werden kann, vgl. *1 Kor 12,3*) besteht aber nicht darin, dass man sie mit Vernunft irgendwie plausibel machen könnte. Sie lässt sich nicht in den Rahmen unserer mitgebrachten Vernunft einordnen, sondern will selber als das umfassende Wort über alles andere, auch über unsere Vernunft, verstanden werden. Diese Glaubens-Würdigkeit ist dadurch gegeben, dass die christliche Botschaft ihren zunächst gar nicht selbstverständlichen Anspruch, Wort Gottes zu sein, gerade durch ihren Inhalt verständlich macht. Sie antwortet durch ihren Inhalt auf die Frage, wie man angesichts der Transzendenz, Absolutheit und Ewigkeit

Gottes dennoch Gott ein menschliches Wort zuschreiben kann und wie man dieses Wort nur deshalb als wahr erkennen kann, weil man von vornherein „in Christus geschaffen" ist.

Früher haben viele Theologen gemeint (und sehr viele meinen es noch heute), dass die Vorstellung einer göttlichen Offenbarung gar kein Problem stellt; Gott sei ja schließlich allmächtig, und so könne er sich selbstverständlich auch offenbaren. Man müsse aber nachweisen, dass eine solche Offenbarung tatsächlich stattgefunden habe (vgl. auch unten unter Kapitel 7 zu Lessings Ringparabel). Ich gehe genau entgegengesetzt voran. Ich zeige, dass die Rede von einem „Wort Gottes" zunächst mit der Anerkennung der Transzendenz Gottes nicht vereinbar erscheint. Es gibt keinen größeren Einwand gegen die Rede von einem „Wort Gottes" als die Bedeutung des Wortes „Gott" selbst. Wir befragen dann die christliche Botschaft daraufhin, ob sie auf diesen Einwand antworten kann. Es scheint sogar, dass sich die christliche Botschaft nur dann dem Verständnis öffnet, wenn sie zunächst auf so radikale Weise in Frage gestellt wird. Sie antwortet auf die Frage mit ihrem trinitarischen Gottesverständnis, mit ihrer Berufung auf die Menschwerdung des Sohnes und mit ihrer Erläuterung des Glaubens als des Erfülltseins vom Heiligen Geist. Das Wort Gottes macht nur offenbar, dass die ganze Welt von vornherein in Christus geschaffen ist, nämlich hineingeschaffen in die ewige Liebe zwischen Vater und Sohn. Dass die christliche Botschaft Wort Gottes ist, kann daraufhin nur im Glauben selbst als wahr erkannt werden.

Obwohl sich die christliche Botschaft nicht auf Vernunft stützt, müssen doch alle Vernunfteinwände gegen sie auf ihrem eigenen Feld bereits mit Vernunft entkräftet werden. Wird es jemals neue, bisher unbekannte, aber dann stichhaltige Einwände gegen den Glauben geben? Solange man sie nicht konkret angeben kann, würde das bloße Rechnen mit ihnen nur auf eine Immunisierungsstrategie hinauslaufen. Selbstverständlich aber darf und soll man sogar nach Einwänden suchen; ihre Entkräftung wird immer zu einem besseren Verstehen des Glaubens beitragen.

Dadurch dient die Vernunft der Glaubensverkündigung als notwendiges Filter, das verhindert, dass sich Aberglaube einmischt. Nichts kann geglaubt werden, was einer Vernunft widerspricht, die ihre

Eigengesetzlichkeit wahrt. Es kann aber auch nichts geglaubt werden, was bereits einer anderen Erkenntnis als der des Glaubens, nämlich der Vernunft, als wahr zugänglich ist. Innerhalb des Glaubens dient die Vernunft der Erkenntnis der inneren Einheit aller Glaubensaussagen.

So unterscheiden sich nach katholischer Lehre Glaube und Vernunft nicht nur in der Erkenntnisweise, sondern auch im Gegenstand.[1] Gegenstand der Vernunft ist die *„Natur"*, nämlich die ganze weite Welt einschließlich ihres Geschaffenseins, weil wir ja genau in dem Maß geschaffen sind, in dem uns Sein zukommt, und dieses unser Sein ist Gegenstand der Vernunft. Mit Natur und Schöpfung sind also nicht nur schöne Landschaften gemeint, die es zu erhalten gelte (so genannte „Bewahrung der Schöpfung"), sondern die gesamte Wirklichkeit, die wir erfahren. Gegenstand des Glaubens dagegen ist allein die Selbstmitteilung Gottes durch sein Wort für den Glauben, also das, was wir *„Gnade"* nennen. Von der Natur führt kein Weg zur Gnade, aber die Gnade setzt die Natur voraus und vollendet sie; denn diese Gnade besteht darin, dass die Welt die von Gott geliebte Welt ist. Dass Vernunft und Glaube voneinander nicht nur gedanklich, sondern real zu unterscheiden sind, heißt also nicht, dass sie voneinander zu trennen wären, als hätten sie nichts miteinander zu tun; vielmehr sind sie aufeinander bezogen. Die Glaubensaussage von unserem Geborgensein bezieht sich auf den ganzen Menschen einschließlich seiner Vernunft, und man kann Gott auch nur mit ganzem Herzen, ganzer Einsicht und allen Kräften – also auch mit aller Vernunft – lieben (vgl. *Mk 12,28–35*); die Liebe zu Gott besteht im Glauben, der unsere Vernunft voraussetzt. Nach *Mt 6,24* wäre es gar nicht möglich, Gott nur teilweise zu lieben; ein solcher Gott, bei dem es möglich wäre, ihn nur teilweise zu lieben, wäre von vornherein nicht der Gott der christlichen Botschaft.

Wenn die christliche Botschaft wirklich von Gott stammt, kann es zwischen Glaube und Vernunft niemals einen wirklichen Widerspruch geben. Denn auch die Vernunft ist eine Gabe Gottes für uns wie unser ganzes geschaffenes Sein. Aber diesen ihren Geschenk-Charakter erkennt man klar erst im Licht des Glaubens an unser Hineingeschaffensein in die Liebe des Vaters zum Sohn.

---

1 I. Vatikanum, DH 3015.

Die Bedeutung der Vernunft für den Glauben

Gegenstand der Vernunft ist alles von Gott Verschiedene, die ganze Welt, einschließlich ihres Geschaffenseins. Gegenstand des Glaubens  ist es, dass die Welt in die Liebe zwischen dem Vater und dem Sohn hineingeschaffen ist. Dieser Glaube stützt sich nicht auf die Vernunft, aber man kann und muss alle Einwände gegen ihn mit der Vernunft entkräften. Sie ist ein für den Glauben notwendiges Filter gegen jede Form von Aberglauben. Der Glaube erfordert kritische Vernunft zu seiner Reinerhaltung.

Wenn dennoch der Schein eines Widerspruchs entsteht, kann dies nur daran liegen, dass entweder die Glaubensaussagen „nicht im Sinn der Kirche" erläutert worden sind oder aber „Hirngespinste für Vernunftaussagen" gehalten werden.[1] Lässt sich mit den Mitteln der Vernunft nicht nachweisen, dass sie ihren eigenen Gesetzen untreu wurde, dann kann nur der andere Fall vorliegen, dass die angeblichen Glaubensaussagen oder zumindest ihre philosophischen Voraussetzungen nicht zutreffend erläutert worden sind. Diese Lehre des I. Vatikanums ist sozusagen die *„Magna Charta"* der Fundamentaltheologie; sie ist nicht nur gegen Missbrauch der Vernunft, sondern auch gegen eventuellen Unverstand von kirchlichen Amtsträgern gerichtet. *„Im Sinn der Kirche"* kann nur das sein, was sich als Wort Gottes im Sinn seiner Selbstmitteilung verstehen lässt.

Wenn etwa behauptet wird, die Aussagen der Bibel über die Schöpfung würden durch die Evolutionslehre widerlegt, dann wird offenbar eine philosophische Voraussetzung des Glaubens, nämlich unser *„Aus dem Nichts Geschaffen-sein"*, nicht sachgemäß verstanden. Die Schöpfungsaussagen bedeuten: Von überhaupt allem, was existiert, also auch von der Evolution oder vom Zufall, gilt, dass es ohne Gott nicht wäre, und dass es letztlich in Christus geschaffen ist, dass also die Welt von vornherein in die Liebe des Vaters zum Sohn aufgenommen worden ist. Dies steht in keinem Gegensatz zu naturwissenschaftlicher Einsicht.

---

1 DH 3017.

Oder wollte man zum Beispiel die Geburt Jesu aus der Jungfrau Maria in einem naturwissenschaftlichen Sinn anstatt im Sinn von *Joh 1,13* verstehen, dann verkennt man nicht nur, dass Vernunft und Glaube unterschiedliche Gegenstände haben, sondern man verstößt auch fundamental gegen das christologische Dogma, wonach Jesus in seinem Menschsein in allem uns gleich ist außer der Sünde (vgl. *Hebr 4,15*). Solche Verwechslungen lassen sich nur auf Unaufmerksamkeit und Gedankenlosigkeit zurückführen und sind für eine verständliche Weitergabe der christlichen Botschaft außerordentlich schädlich. Die katholische Kirche versteht ihre Grunddogmen (Dreifaltigkeit Gottes, Menschwerdung des Sohnes, unser Erfülltwerden vom Heiligen Geist) als den aus der Heiligen Schrift selbst gewonnenen Notenschlüssel zum rechten Verständnis der ganzen Heiligen Schrift.

Grunddogmen der Kirche

Die Grunddogmen des Glaubens sind Dreifaltigkeit Gottes, Menschwerdung des Sohnes und Sendung des Heiligen Geistes in die Herzen der Glaubenden. Diese Grunddogmen sind der Schlüssel zum Verständnis aller Glaubensaussagen.

4.2 Theologie als Wissenschaft

Wenn Glaube überhaupt vor der Vernunft verantwortet werden kann, dann muss dies auch in wissenschaftlicher Weise möglich sein. Unter Wissenschaft ist allgemein das Bemühen um ein Wissen zu verstehen, das sich über die Quellen des Gewussten und die Weise ihrer angemessenen Erschließung Rechenschaft gibt und sich kritischer Prüfung stellt.[1] Alle Glaubensaussagen stehen kritischer Befragung offen. Würde jemand irgendeine Glaubensaussage kritischer Befragung entziehen wollen, würde er sie eben damit bereits als bloße Privatmeinung missverstehen; er würde ihren Sinn als Glaubensaussage nicht erfassen.

---

1 Vgl. GERHARD EBELING, Leitsätze zur Wissenschaftlichkeit der Theologie, in: DERS., Wort und Glaube III, Tübingen 1975, 137.

Der Gegenstand christlicher Theologie ist die christliche Botschaft. Theologie unterscheidet sich von Religionswissenschaft dadurch, dass sie nicht nur *aus Interesse an* einer Religion, sondern *in deren Interesse* ausgeübt wird, wobei jedoch dieses Interesse auf keine Weise die Argumentation inhaltlich beeinflussen darf.

Die Haupteinteilung der Theologie ist die in historische und systematische Fächer. In den historischen Fächern geht es darum, *festzustellen*, was die christliche Botschaft bei ihrem Gang durch die Geschichte tatsächlich gesagt hat und sagt (Exegese und Kirchengeschichte). In den systematischen Fächern geht es darum, das so Festgestellte im Sinn des Glaubens *zu verstehen* (Dogmatische Theologie und Praktische Theologie, in der es um die Weitergabe des im Glauben Verstandenen geht).

Die beiden Fächergruppen *ent*-lasten einander von den Einzelvollzügen der jeweils anderen, *be*-lasten einander aber mit dem Problembewusstsein der jeweils anderen. In den historischen Fächern muss es um dasjenige gehen, was dann im Glauben zu verstehen ist; und die systematischen Fächer müssen dem Rechnung tragen, dass historische Feststellungen Sache der Vernunft und nicht des Glaubens sind. Z. B. die historische Existenz Jesu und die Existenz einer sich von ihm herleitenden Verkündigung können nicht geglaubt werden, sondern müssen historisch erkannt werden; aber dass dieser Mensch Jesus Gottes Sohn war und ist sowie die Wahrheit seiner Verkündigung sind nur im Glauben zugänglich. Alles andere wäre Mythologie, „Vermischung" oder „Trennung" anstatt „unterscheidender Inbeziehungsetzung".

> **Christliche Theologie**
>
> Christliche Theologie wird im Gegensatz zu Religionswissenschaft nicht *aus Interesse an* der christlichen Religion, sondern *in ihrem Interesse* ausgeübt. Ihr Gegenstand ist die christliche Botschaft.

4.3 Glaube und Werke

Wirklicher Unglaube besteht nur da, wo man letztlich von der Angst um sich selber bestimmt ist. Dann wird die ganze Welt zu einem Gleichnis der Hölle: Denn Vergänglichkeit und Tod scheinen in allem das letzte Wort zu haben. Dagegen kommt keine noch so gute Erfahrung in dieser Welt an.

Aber im Licht des Glaubens wird die Welt zu einem Gleichnis der Gemeinschaft mit Gott (*„Himmel und Erde sind erfüllt von seiner Herrlichkeit"*, wie es im Sanctus der Eucharistiefeier heißt). Jede noch so geringe gute Erfahrung wird zum Gleichnis des Himmels; schlechte Erfahrung hat nicht mehr Gleichnis-Charakter für letzte Verlorenheit. Kein Übel in der Welt hat die Macht, von der Gemeinschaft mit Gott zu trennen (vgl. *Röm 8,31– 39*). So befreit der Glaube den Menschen aus der Macht der Angst um sich selber.

Wenn die Angst um sich selber der Grund aller Unmenschlichkeit und Verantwortungslosigkeit ist, dann müsste die Befreiung aus der Macht dieser Angst bedeuten, dass man liebevoll und wohlwollend handeln kann. Ich behaupte nicht, dass der Glaube angstfrei macht, sondern er macht vielmehr angstbereit.[1] Man kann sich auch Angst machen wollenden Situationen stellen. Glaube nimmt nicht die Angst, aber er entmachtet sie. Es ist durchaus möglich, dass die Angst noch zunimmt; denn Glaubende werden nicht selten verfolgt. Aber Glaube ist eine Gewissheit, die stärker als jede selbst noch wachsende Angst ist. Ein Glaubender lässt sich von niemandem mehr zu unmenschlichem Handeln erpressen.

Die ethischen Normen kann man auch ohne Glauben erkennen. Denn es ist bereits die Wirklichkeit der Welt, die den Menschen in seiner Verantwortung herausfordert. Wenn man am Steuer eines Autos über die Autobahn fährt, darf man keinen Augenblick vor sich hinträumen; man ist dafür verantwortlich, Unfälle zu vermeiden.

Die sittlichen Forderungen kommen also nicht erst mit dem Glauben in die Welt, sondern werden mit der Vernunft aus der Welt selber erkannt. Verantwortungsloses Handeln hat letztlich immer sein Kriterium darin, dass es die Struktur von Raubbau oder Kontraproduktivität hat. Dieses Kriterium ist vollkommen objektiv und unabhängig davon, ob es einem passt oder nicht. Dies und nichts anderes ist mit der Rede

---

1 Vgl. RUDOLF BULTMANN, Zum Problem der Entmythologisierung, in: Kerygma und Mythos II, hrsg. v. Hans Werner Bartsch, Hamburg Volksdorf 1952, 203f.

vom „natürlichen Sittengesetz" gemeint. Schlechtes, also nicht verantwortbares Handeln entsteht dadurch, dass diejenigen Werte, die man partikulär (für sich oder die eigene Gruppe) anstrebt, in universaler, nämlich nicht eingeschränkter Hinsicht betrachtet, letztlich untergraben und zerstört werden. Dadurch erweisen sich solche Handlungen als „unverhältnismäßig" und (nur) so als „in sich schlecht".[1]

Die vermeintlich fromme Behauptung, dass sittliche Verpflichtungen nur durch den Rekurs auf Gott einsichtig werden oder dass erst die christliche Botschaft sittliche Forderungen mit sich bringe, würde den Anknüpfungspunkt dieser Botschaft im Menschen zerstören. Angenommen, der Mensch wäre nicht bereits von sich aus in der Lage, zwischen menschlichem und unmenschlichem Verhalten zu unterscheiden: Dann hätte er keinen Anlass, eine Botschaft anzuhören, die ihn von dem befreien will, was ihn daran hindert, seinem Gewissen zu folgen.

Aber werden nicht die Zehn Gebote in der Heiligen Schrift überliefert? Darauf ist zu sagen, dass es in der Heiligen Schrift durchaus Aussagen gibt, die auf Vernunfterkenntnis und nicht auf Glauben beruhen.

Die *Einsicht* in sittliche Forderungen bringt jedoch für sich allein noch nicht ihre *Erfüllung* mit sich. Es wird letztlich immer eine Angst des Menschen um sich selbst sein, die ihn daran hindert, sich menschlich anstatt unmenschlich zu verhalten. Durch ihre ausdrückliche Verkündigung der Gemeinschaft mit Gott will die christliche Botschaft den Menschen aus der Macht dieser Angst um sich befreien.

Allein durch Glauben als der Liebe zu Gott, die im Vertrauen auf seine Liebe zu uns besteht, kommt der Mensch in ein Verhältnis zu Gott, das es ihm ermöglicht, in der Welt anders als aus der Angst um sich zu leben. Dann kann er *„seinen Nächsten lieben wie sich selbst"* (*Mk 12,31.33*), das heißt sich nicht nur so in die Lage des anderen hineinversetzen und mit ihm mitfühlen, als stünde er selbst an seiner Stelle, sondern er wird ihm dann auch tatsächlich das zu tun suchen, was der andere wirklich braucht. Es geht hier also nicht um eine Aufforderung zur Selbstliebe (niemand kann sich selber Geborgenheit schenken) oder um die

---

1 Vgl. ausführlicher PETER KNAUER, Handlungsnetze – Über das Grundprinzip der Ethik, Frankfurt am Main 2002, 196 S., ISBN 3-8311-0513-8.

Erwartung entsprechender Gegenleistung, und mit Verlaub auch nicht darum, jemandem Griesbrei aufzuzwingen, weil man selber diesen mag. Vielmehr geht es darum, aufgrund unseres Geliebtwerdens durch Gott nicht mehr aus der Angst um sich selber zu leben und deshalb mit Freundlichkeit und Wohlwollen auf andere einzugehen, sich also in *ihre* Situation hineinzuversetzen und dementsprechend zu handeln.

Im Sinn der christlichen Botschaft lebt *jeder* Mensch, der liebevoll lebt, bereits aus derjenigen Gemeinschaft mit Gott, die als das Erfülltsein vom Geist Jesu verkündet wird. Es gibt also auch schon vor dem ausdrücklichen Glauben an Jesus Christus ein Leben unter seiner Gnade. Theologisch spricht man von anonymem Glauben als einem Vertrauen, das sich (noch) nicht auf den Namen Jesu beruft. Von diesem Glauben heißt es in *Joh 3,22*: *„Wer aber die Wahrheit tut, kommt zum Licht, damit offenbar wird, dass seine Werke in Gott getan sind."* Wenn ein solcher Mensch der christlichen Botschaft in klarer Form begegnet und sich aus seiner bereits bestehenden Grundhaltung heraus auf sie einlässt, dann erkennt er rückschauend voller Freude, dass er längst aus dem Geist Jesu gelebt hat. Wo Menschen liebevoll leben und dennoch die christliche Botschaft ablehnen, ist sehr damit zu rechnen, dass es sich um unzureichende, missverständliche Verkündigung gehandelt hat, die ihren Anspruch auf Katholizität, nämlich auf Allgemeinverständlichkeit und Allgemeinverbindlichkeit, nicht einlöst.

Das Gebot der Nächstenliebe

Weil ein glaubender Mensch sich von Gott geliebt weiss, lebt er nicht mehr unter der Macht der Angst um sich selber. Dies befähigt ihn, liebevoll auf andere einzugehen, sich also in ihre Situation hineinzuversetzen und entsprechend zu handeln.

Luthers gesamte Theologie lässt sich ausgehend von seiner Frage verstehen: *„Wie kriege ich einen gnädigen Gott?"* Er hat eingesehen, dass angesichts unseres *„Aus dem Nichts Geschaffenseins"* und damit der Einseitigkeit der Relation des Geschaffenen auf Gott keine geschaffene Qualität jemals ausreichen kann, Gemeinschaft mit Gott zu begründen.[1] Gemeinschaft mit Gott kann es nur geben, wenn Gottes Liebe zu uns nicht an uns ihr Maß zu haben braucht (was auch gar nicht möglich wäre, weil wir mit der gegenteiligen Behauptung unser *„Aus dem Nichts Geschaffensein"* nachträglich wieder leugnen würden), sondern wenn sie die Liebe ist, mit der der Vater den Sohn von Ewigkeit her liebt. Wenn Luther erklärt, dass der Glaube allein rechtfertigt, dann handelt es sich dabei nicht um eine Bestreitung der Möglichkeit und Notwendigkeit guter Werke, sondern vielmehr um eine Kampfparole für gute Werke: Nur solche Werke können vor Gott gut sein, die aus der Gemeinschaft mit Gott hervorgehen! Nicht die Früchte bewirken, dass ein Baum gut ist, sondern nur ein guter Baum bringt gute Früchte.

Aber stellt es nicht eine Verkürzung der christlichen Lehre dar, wenn sie hier ganz und gar auf die Verkündigung der *Liebe* Gottes eingeschränkt zu werden scheint? Gibt es nicht in der christlichen Botschaft auch die Rede vom *Zorn* Gottes (vgl. *Röm 1,18*) und den ewigen Höllenstrafen (vgl. *Mt 25,46*)?

Mit der Erfahrung des Zornes Gottes ist in der Heiligen Schrift die Erfahrung des Menschen gemeint, der aus der Angst um sich selbst lebt, weil er aus sich selbst kein Geborgensein in der Liebe Gottes zu erkennen vermag. Die Höllendrohungen bedeuten den zutreffenden Hinweis darauf, dass alle Versuche, sich selber durch irgendwelche Formen von Weltvergötterung zu sichern, letztlich und für immer heillos bleiben; sie können nur zu Verzweiflung an der Welt führen. Der christliche Glaube versteht sich als die Befreiung von und als Alternative zu jeder Form von Weltvergötterung bzw. von Verzweiflung an der Welt.

Doch diejenigen, die bereits aus der Gemeinschaft mit Gott leben, haben Hoffnung für alle Menschen: „Gott hat *alle* in den Ungehorsam eingeschlossen, um sich *aller* zu erbarmen." (*Röm 11,32*) Dass Gottes Liebe das letzte Wort haben wird, kann man als wahr nur *innerhalb* des Glaubens erkennen. Dadurch wird die Allversöhnungslehre der Heiligen Schrift davor bewahrt, als Vorwand dafür zu dienen, dass es

---

1 In der im Jahre 1999 von evangelischer und katholischer Seite unterschriebenen „Gemeinsamen Erklärung zur Rechtfertigungslehre" war es noch nicht gelungen, bis zu diesem Grund der Rechtfertigungslehre vorzudringen. Der Text beruft sich zwar auf die verschiedensten Stellen der Heiligen Schrift, aber ohne ihren Verstehensgrund benennen zu können.

gleichgültig sei, wie man lebt und dass man ja die eigene Bekehrung noch aufschieben könne. Denn dies würde ja Menschen in der Sünde festhalten und kann deshalb nicht wahr sein.

Die Rechtfertigungslehre Luthers

Dass der Glaube allein rechtfertigt, bedeutet, dass nur solche Werke vor Gott gut sein können, die aus der Gemeinschaft mit Gott hervorgehen. Nicht die Früchte bewirken, dass ein Baum gut ist, sondern nur ein guter Baum bringt gute Früchte.

5 Kirche: Das fortdauernde Geschehen der Weitergabe des Glaubens

5.1 Das Alte und das Neue Testament als Heilige Schrift der Kirche

Nicht nur die Heilige Schrift ist Wort Gottes, sondern jede Weitergabe des christlichen Glaubens (vgl. *1 Thess 2,13*). Diese und damit das Geschehen von Kirche ist ja gerade der Sinn der Heiligen Schrift.

Die Heilige Schrift ist das früheste Zeugnis unseres heutigen Glaubens. Sie besteht aus den Schriften Israels, die wir von der Christusbotschaft her und in ihrem Licht „Altes Testament" nennen und damit neu verstehen, und aus dem „Neuen Testament" der unmittelbaren Christusverkündigung. Es ist erstaunlich, dass die christliche Heilige Schrift somit die Heilige Schrift einer anderen, nämlich der jüdischen Religion, voll in sich integriert. Sie erläutert, wie diese in einem unüberbietbaren und definitiven Sinn und damit als erfüllt, als definitiv sinnvoll, verstanden werden kann. Es geht also bei der Unterscheidung von AT und NT nicht nur um zwei Teile der Heiligen Schrift (zu denen vielleicht noch weitere Teile hinzukommen könnten), sondern um eine Neuinterpretation der Schrift Israels, vergleichbar damit, dass es Steine gibt, die durch Bestrahlung mit ultraviolettem Licht in sichtbarem, farbigen Licht fluoreszieren. Das ist eine Eigenschaft, die sie von vornherein haben, die aber erst im ultravioletten Licht an den Tag kommt.

Das Verhältnis von Altem und Neuem Testament

Der frühmittelalterliche Theologe Hugo von Sankt Viktor (+1141) vergleicht das Verhältnis von AT und NT mit dem, was in *Num 13,23* berichtet wird: Die nach ihrem Auszug aus Ägypten in der Wüste umherirrenden Israeliten hatten zwei Kundschafter in das verheißene Land vorausgeschickt. Diese kommen mit einer riesigen Traube zurück, die sie hintereinander gehend an einer Stange tragen. Sie tragen beide dasselbe, die Traube am Holz (die für Christus am Kreuz steht; er ist der Sinn der ganzen Schrift); der vordere trägt sie, ohne sie zu sehen, der hintere sieht, was sie beide tragen.[1]

Insofern der Glaube das Erfülltsein vom Heiligen Geist ist, muss auch sein frühestes uns heute zugängliches Zeugnis vom Heiligen Geist erfüllt sein. Dies bezeichnet man als die Inspiration der Heiligen Schrift. Die Schrift ist nicht in beliebigem Sinn Wort Gottes, sondern im Sinn seiner Selbstmitteilung, also in dem Sinn, dass wir in die Liebe des Vaters zum Sohn aufgenommen sind. Auch die sogenannte Irrtumslosigkeit der Heiligen Schrift kann sich auf nichts anderes als die unbedingte Verlässlichkeit unseres Anteilhabens am Gottesverhältnis Jesu beziehen.[2] Gottes Erbarmen wird immer wieder auf dem

---

1 Vgl. *De sacramentis christianae fidei*, PL 176 (Ausgabe 1854), 340 CD.

2 Manche Sekten meinen, den göttlichen Ursprung der Heiligen Schrift aus ihrer angeblich absoluten Irrtumslosigkeit in allen Dingen ableiten zu können. Weil es aber durchaus faktische Irrtümer in der Heiligen Schrift gibt (etwa wenn in *Mt 27,9* ein Sacharja-Zitat irrtümlich Jeremia zugeschrieben wird), müssen sie diese Irrtumslosigkeit dann auf irgendwelche nicht mehr zugängliche ursprüngliche Manuskripte einschränken. Es ist jedoch wenig sinnvoll, in Bezug auf verlorengegangene ursprüngliche Manuskripte, die wiederzuerlangen keinerlei Chance besteht, irgendetwas glauben zu wollen. Und es könnte sich ohnehin nur um einen Zirkelschluss handeln.

Hintergrund unserer menschlichen Neigung zu Gewalt und Unmenschlichkeit erläutert. In diesem Sinn stellt die Bibel auch den erlösungsbedürftigen Menschen vollkommen zutreffend dar, bis hin zu seiner Neigung, seine Gewaltbereitschaft seinerseits sogar noch religiös zu verbrämen.

Der wirkliche Sinn der ganzen Heiligen Schrift ist unser Anteilhaben am Gottesverhältnis Jesu. Damit ist ihr Sinn zugleich das fortdauernde Geschehen der Weitergabe dieses Glaubens, nämlich die Kirche; sie wird als das fortdauernde Geschehen der Weitergabe des Wortes Gottes konstituiert.

Bereits die Heilige Schrift Israels lässt sich in dem Wort der Bundesformel zusammenfassen: *„Ihr seid mein Volk und ich bin euer Gott."*[1] Wir Christen haben nichts noch Höheres, sondern nur eine Weise, wie man dies sogar *universal* verkünden kann: Gemeinschaft mit Gott gibt es nur so, dass Gottes Liebe zu uns Menschen die Liebe des Vaters zum Sohn ist. Und nur so lässt sich das Wort der Schrift Israels in definitiv sinnvoller Weise (und in diesem Sinn als erfüllt) verstehen.

Die Heilige Schrift ist so das Grunddokument der Kirche. Die Kirche selbst ist die Gemeinschaft derer, die im Glauben an Jesus Christus als den Sohn Gottes bekennen, dass alle wahre Liebe – auch die von Nichtchristen ausgeübte – aus der Gemeinschaft mit Gott hervorgeht, die von Jesus her als das Erfülltsein von seinem Heiligen Geist, also von Gottes Gegenwart, verkündet wird.

Der alte Satz *„Außerhalb der Kirche kein Heil"* schränkt nicht das Heil auf die Mitglieder der Kirche ein. Er besagt vielmehr: Es gibt kein anderes Heil als das von der Kirche verkündete, das in einer solchen Gemeinschaft mit Gott besteht, dass wir und die ganze Welt in die Liebe des Vaters zum Sohn aufgenommen sind. Dieses Heil umfasst die ganze Welt. Deshalb sagt Paulus, Gott habe in Christus *„die Welt mit sich versöhnt"* (und nicht nur: er habe ihr die Versöhnung angeboten). Die Christen haben den Dienst, dieses Wort von der Versöhnung weiterzusagen: *„An Christi Statt bitten wir: Lasst euch mit Gott versöhnen."* (Vgl. *2 Kor 5,17–21*) Die Autorität Christi lässt sich offenbar nicht durch

---

1 Vgl. *Jer 11,4*; vgl. ferner *Lev 26,12*; *Jer 7,23*; *24,7*; *30,22*; *31,1*; *32,28*; *Ez 11,20*; *14,11*; *36,28*; *37,23.27*; *Sach 8,8* u. a.

Befehl oder Drohung ausüben, sondern allein in der Weise der *Bitte*, des Appellierens an das Verstehen. Gott lässt bitten, dass wir uns das Wort der Versöhnung sagen lassen.

Weitergabe des Glaubens
Der Sinn der Heiligen Schrift ist die Weitergabe des Glaubens an Jesus Christus, der im Anteilhaben an seinem Verhältnis zum Vater besteht.

5.2 Die Kirche als Glaubensgegenstand

Das Glaubensgeheimnis der Kirche besteht darin, dass der Heilige Geist derselbe in Christus und den Christen als den an ihn Glaubenden ist: *Eine Person in vielen Personen.* Deshalb besteht, wie das II. Vatikanische Konzil (1962–1965) ausdrücklich lehrt, eine Entsprechung zwischen der *„Menschwerdung des Sohnes"* in Jesus und dem, was man *„Kirchewerdung des Heiligen Geistes"* in der Gemeinschaft der Glaubenden nennen könnte. Der Heilige Geist ist es, der durch sich selbst die Glaubenden mit Christus und untereinander verbindet.[1]

Daraus lassen sich die so unterschiedlichen Bilder der Heiligen Schrift für die Kirche verstehen. Weil der Heilige Geist *ein und derselbe* in den vielen ist wie die Seele in den Gliedern eines Leibes, wird die Kirche „Leib Christi" genannt. Weil er ein und derselbe *in den vielen* ist, die ihre eigene Verantwortung bewahren, wird die Kirche „Volk Gottes" genannt. Weil er anders *in Christus* als seinem Ursprung und *anders in den Christen* ist, denen er geschenkt wird, kommt es zu dem Bild der Kirche als „Braut Christi".

Die Kirche ist nicht der nachträgliche Zusammenschluss einzelner Glaubender, sondern es gibt Glaubende nur so, dass sie den Glauben von anderen bereits vor ihnen Glaubenden empfangen. Denn der Glaube kann nur vom Hören kommen (vgl. *Röm 10,17*). Man kann ihn nicht aus sich selber haben. Es geht ja im Glauben um etwas, was man

---

1 Vgl. II. Vatikanum, Dogmatische Konstitution über die Kirche, n. 7,3.7. und n. 8,1 (DH 4113, 4116, 4118).

nicht bereits an der Welt selber ablesen kann, sondern das verborgen bleibt, solange es einem nicht gesagt wird. Dies ist der wahre Sinn der Rede von der ganzen Kirche als *„Institution"*, dass nämlich die Christen den Dienst der Versöhnung in unserer Welt haben, weil das *„Wort der Versöhnung unter uns eingesetzt"* worden ist (*2 Kor 5,18–19*). Es ist unzutreffend, nur die sogenannte Amtskirche als Institution zu verstehen.

Dass der Glaube vom Hören kommt, gilt allerdings nicht nur für die einzelnen Gläubigen, sondern auch für die gesamte Gemeinde. Das findet seinen Ausdruck in der Einsetzung von Amtsträgern gegenüber der Gemeinde; sie stellen dar, dass auch alle zusammen sich ihren Glauben nicht selbst machen, sondern ihn überliefert bekommen. Das Priestertum der Amtsträger, denen ihr Amt von bisherigen Amtsträgern übertragen wird, ist nur als Dienst an der Unüberbietbarkeit des gemeinsamen Priestertums aller Gläubigen verstehbar. Dieses besteht darin, dass Christen einander und den anderen Menschen Gottes gutes Wort vermitteln. Bereits jeder einzelne Glaubende gibt seinen Glauben in der Autorität Christi weiter. Die Amtsträger handeln in der Autorität Christi als *Haupt*[1], das heißt gegenüber dem Leib, der Versammlung der Glaubenden. So ist die Amtsstruktur der Kirche mit dem Glauben selbst mitgegeben und unverlierbar.

Priester (sowohl im Sinn des Dienstamtes für alle wie im Sinn des gemeinsamen Priestertums aller) kann man nur für andere sein, nicht für sich selber. Das Priestertum des Dienstamtes dient der Unüberbietbarkeit des Glaubens aller; es kann also nicht selber das gemeinsame Priestertum noch überbieten. Dabei ist der Glaube allein auf das Wort Gottes gerichtet, für dessen Wahrheit es keine Bedeutung haben kann, ob der Verkündende Mann oder Frau ist (vgl. *Gal 3,28*).

Die Kirche wird im Großen Glaubensbekenntnis als die *„eine, heilige, katholische und apostolische"* bezeichnet. Sie ist eine einzige, weil der Glaubensgegenstand, unser Aufgenommensein in die ewige Liebe des Vaters zum Sohn, ein einziger und unteilbarer ist. Wo immer überhaupt an Jesus Christus im Sinn seiner Gottessohnschaft geglaubt wird, da ist diese eine Kirche präsent. Die Kirche wird heilig genannt, weil der Glaube das Erfülltsein vom Heiligen Geist ist. Als katholisch wird

---

1 Vgl. II. Vatikanum, Dekret über Dienst und Leben der Priester, n. 2,3.

die Kirche mit einem griechischen Fremdwort benannt, das eigentlich ihre Sendung an alle Menschen bezeichnen soll. Die Kirche wird dieser Selbstbezeichnung nur dann gerecht, wenn ihre Glaubensverkündigung sich als allgemeinverständlich und allgemeinverbindlich erweist. Der Glaube an Jesus Christus ist sodann seinem Wesen nach von vornherein apostolischer Glaube, weil wir nicht an einen für sich isolierten Christus glauben, sondern an den, der seinen Jüngern Anteil an seinem Verhältnis zu Gott gibt. Dieser Glaube wird von den Aposteln her weitergegeben. Dies findet seinen Ausdruck auch darin, dass nicht nur die Kirche als ganze, sondern bereits dadurch auch die Amtsträger in ihr in einer apostolischen Sukzession stehen. Die apostolische Sukzession der Amtsträger ist deshalb nicht Grund, sondern Folge der Apostolizität des Glaubens aller. Es gibt keinen anderen christlichen Glauben als den der Apostel.

Das II. Vatikanum hat gelehrt, dass die katholische Kirche des Glaubensbekenntnisses – sie ist bereits aufgrund ihrer Glaubensverkündigung eine gesellschaftlich verfasste und geordnete und damit konkrete Größe in dieser Welt – in der römisch-katholischen Kirche voll präsent sei.[1] Dies darf man nicht in die Behauptung verkehren, sie sei dies *nur* in der römisch-katholischen Kirche. Denn damit würde man verkennen, dass nach der Lehre desselben Konzils auch andere Christen durch den Glauben in der Taufe *gerechtfertigt und Christus eingegliedert* sind und dass der Heilige Geist ihre Kirchen und kirchlichen Gemeinschaften als Mittel des Heils angewandt hat.[2] Dies sind Sachverhalte, die keine unterschiedlichen Grade zulassen. Man würde auch verkennen, dass der Glaube an Jesus Christus als den Sohn Gottes, wo immer er überhaupt besteht, ein und derselbe ist und gar nicht mehr steigerungsfähig ist. Irenäus von Lyon (um 135-200) hat einmal gesagt: *„Da der Glaube ein und derselbe ist, hat keiner mehr, der viel über ihn sagen kann, und keiner weniger, der das Wenige sagt."*[3]

Was ist also zum Verhältnis der katholischen Kirche zu den anderen christlichen Gemeinschaften zu sagen? Eine Trennung zwischen

---

1 II. Vatikanum, Dogmatische Konstitution über die Kirche, n. 8,2 (DH 4119).

2 II. Vatikanum, Dekret über den Ökumenismus, n. 3,3.6 (DH 4188–4189).

3 IRENÄUS VON LYON, *Adversus haereses*, I, 10, 2 (PG 7; 553A). .

Menschen, die an Jesus im Sinn seiner Gottessohnschaft glauben, kann nicht auf einem unterschiedlichen Glauben, sondern nur auf gegenseitigen Missverständnissen aufgrund unterschiedlicher Sprechweisen und vielleicht manchmal unzureichender Begriffe für dieselbe Wirklichkeit beruhen. Es ist die Aufgabe der katholischen Kirche, der Einheit aller Christen durch Dolmetschen zwischen ihren verschiedenen Sprachen zu dienen. Damit ist leider noch nicht gesagt, dass sie diese Aufgabe auch tatsächlich immer wahrnimmt. Wir bleiben in unserem Verstehen oft weit dahinter zurück. Und es fehlt an Dolmetschern. Das Problem ist vor allem, dass es sehr mühsam ist, das jeweils eigene Vorverständnis in den Blick zu bekommen.

Die christliche Botschaft lässt sich in kein mitgebrachtes Vorverständnis einordnen, sondern bringt ihr eigenes (philosophisches) Vorverständnis mit sich. Sie erfordert eine Bekehrung bis ins Vorverständnis hinein. Der Balken in unserem eigenen Auge (auf seiten der römisch-katholischen Kirche) besteht in der unzutreffenden Meinung, dass unser Glaube ein aus vielen Teilen *zusammengesetztes*[1] harmonisches Ganzes sei und dass andere Christen sich nur mit einem Teil des Glaubens begnügen. Man sucht sich dann in einzelnen Punkten zu verständigen, bekommt aber so nie das eine Ganze in den Blick und wird auch immer neue Punkte finden, in denen man weiterhin unterschiedlicher Auffassung ist. Das theologische Begriffsinstrumentar, mit dem gewöhnlich ökumenische Gespräche geführt werden, ist das einer unbefragten Substanzmetaphysik im Unterschied zur hier dargestellten relationalen Ontologie. Die Arbeit mit diesem unzureichenden Begriffsinstrumentar erinnert an den hoffnungslosen Versuch, nur mit Hilfe eines Schwarz-Weiß-Abzugs von einem farbigen Bild dessen ursprüngliche Farben herausbekommen zu wollen. Das oben erwähnte Begriffsinstrumentar einer „relationalen Ontologie" (wonach das Sein der Welt Gott gegenüber nichts als Relation auf ihn ist), ist weithin unbekannt. Bei seiner Anwendung könnten alle diese so hoffnungslosen theologischen Streitfragen entfallen.

---

1 Beleg für dieses auch sonst verbreitete Missverständnis ist der 1989 eingeführte Amtseid (AAS 81 [1989], 104–106), wonach man neben dem Glaubensbekenntnis „ebenfalls", „auch" und „darüber hinaus" weitere Lehren anzunehmen habe.

Die *eine, heilige, katholische* und *apostolische* Kirche

Wo auch immer von Menschen an das Aufgenommensein in die ewige Liebe des Vaters zum Sohn geglaubt wird, besteht die eine Kirche Christi. Sie ist heilig, denn der Glaube ist das Erfülltsein vom Heiligen Geist. Katholisch bedeutet, dass sie sich an alle Menschen wendet, apostolisch, dass der Glaube von den Aposteln her weitergegeben wird. Diese Kirche ist in der römisch-katholischen Kirche voll präsent; das hindert nicht, dass sie es auch in anderen christlichen Kirchen sein kann.

5.3   Die Sakramente

Während das Wort Gottes der ganzen Welt zu verkünden ist, werden die Sakramente der Kirche nur innerhalb der Gemeinschaft der Glaubenden oder zur Aufnahme in sie gefeiert. Denn sie sind die Gestalten des *angenommenen Wortes Gottes*; sie unterstreichen, was in diesem Wort geschehen ist und weiterhin geschieht. Die katholische Kirche zählt sieben Sakramente (wenn andere christliche Kirchen nur zwei oder vier Sakramente anerkennen, liegt dies vor allem an einer unterschiedlichen Fassung dieses Begriffs).

Die *Taufe* drückt aus, dass, wer sich in die Liebe des Vaters zum Sohn eingetaucht erkennt, davon ein für alle Mal geprägt ist.

In der *Eucharistie* geht es darum, dass der Glaube in diesem Sakrament so von Jesus selbst lebt wie das irdische Leben von Speise und Trank. Die katholische Kirche spricht hier von der Transsubstantiation von Brot und Wein in den Leib und das Blut Christi. Der Wortbestandteil *„-substantiation"* bedeutet, dass im Kommunionempfang *wirklich geschieht*, dass unser Glaube von Jesus selbst lebt. Die Eucharistie ist also ein „Realsymbol", ein Zeichen nicht für eine von ihr getrennte Wirklichkeit, sondern für eine Wirklichkeit, die in ihr selber geschieht. Der Wortbestandteil *„Trans-"* besagt eine *Kontinuität*, nämlich dass das, was zuvor irdische Nahrung war, noch immer Nahrung bleibt. Christus ist in der Eucharistie nicht wie unter einem Edelstein gegenwärtig, sondern als Nahrung des Glaubens. Eucharistische Anbetung ist

Vorbereitung auf den Empfang des Sakramentes. Die Eucharistie ist das Sakrament dafür, dass Jesus gerade darin dem Willen des Vaters gehorsam ist, dass er sich für uns hingegeben hat. In diesem Sinn verstehen wir die Eucharistie als Opfer, dessen Grundrichtung aber von Gott zur Welt geht.

Das *Bußsakrament* stellt dar und in ihm geschieht, dass alle Sündenvergebung vom Wort Christi kommt (und nicht von einem selber). Damit weist das Bußsakrament über sich hinaus auch auf die tägliche Sündenvergebung, um die wir bereits im Vaterunser bitten, dem Gebet, das Jesus uns in seinem Geist zu beten gelehrt hat.

Weitere Sakramente sind: Die *Firmung* als ausdrückliche Verbindung mit den Amtsträgern und der gesamten Kirche und Besiegelung der ausdrücklichen eigenen Glaubensannahme und *Sendung zur Weitergabe des Glaubens* (vgl. *Apg 8,14–17*); sie ist das eigene Sakrament des bereits in der Taufe empfangenen gemeinsamen Priestertums aller Glaubenden (vgl. *1 Petr 2,5.9*).[1]

Über die *Priesterweihe* als Einsetzung von Amtsträgern durch bisherige Amtsträger wurde in diesem Abschnitt 5, unter 2, bereits gehandelt.

Die *Krankensalbung* bedeutet Stärkung des Glaubens in Krankheit: *„Durch diese Heilige Salbung helfe dir der Herr in seinem reichen Erbarmen; er stehe dir bei mit der Kraft des Heiligen Geistes."*

Die *Ehe* verweist auf die wechselseitige Verbindung von Christus und Kirche (vgl. *Eph 5,21–31*; übrigens ist hier nicht von einseitiger Unterordnung der Frau unter den Mann die Rede, sondern von gegenseitiger Unterordnung, V. 21).

Den Sakramenten ist gemeinsam, dass sie eine Gnade enthalten und mitteilen, die nicht auf sie selbst eingeschränkt ist. Die Würde der Sakramente besteht darin, über sich hinauszuweisen. Das ist damit vergleichbar, wie Eltern den Geburtstag eines Kindes feiern. Sie wollen damit nicht ausdrücken, dass sie ihr Kind am Geburtstag mehr lieben als sonst, sondern sie wollen einmal feiern, wie sehr sie es immer lieben.

---

1 THOMAS VON AQUIN, *Summa theologiae* III q72 a5 ad 2: „So empfängt der Gefirmte die Vollmacht, öffentlich den Glauben an Christus mit Worten zu bekennen, gewissermaßen amtlich [*quasi ex officio*]."

Bereits das Wort Gottes ist die Selbstmitteilung Gottes in dem mitmenschlichen Wort der Weitergabe des Glaubens. Die Sakramente können das Wort Gottes weder ergänzen noch gar überbieten, sondern sie unterstreichen und in ihnen selber geschieht, was bereits in der Annahme des *Wortes* Gottes geschieht. Sie können auch nicht als Verleiblichung des Wortes Gottes verstanden werden, da dieses als mit unseren leiblichen Sinnen zu hörendes selber bereits von vornherein leiblich ist und nur mit unseren leiblichen Sinnen überhaupt aufgenommen werden kann.

> **Sakramente**
> Sakramente sind Ausdrucksweisen des angenommenen Wortes Gottes. Sie unterstreichen, was in diesem Wort geschehen ist und weiterhin geschieht.

5.4 Der Unfehlbarkeitsanspruch der Kirche

Die Kirche beansprucht für ihre Glaubensverkündigung Unfehlbarkeit und erklärt sogar, dass die Gesamtheit der Glaubenden im Glauben nicht irren könne.[1] Glaubensverkündigung sei *„aus sich wahr"* und nicht erst aufgrund der Zustimmung der Kirche. Zwar wird die christliche Verkündigung nur im Glauben der Kirche als Wort Gottes erkannt, sie wird aber nicht erst durch den Glauben der Kirche zum Wort Gottes gemacht.[2]

Dieser Unfehlbarkeitsanspruch ist darin begründet, dass ein als Wort Gottes verstehbares Wort von dem spricht, *was in ihm selber geschieht*, nämlich der Selbstmitteilung Gottes in eben diesem Wort. Wenn ein Wort in diesem Sinn verstehbar ist, dann ist es aus sich wahr und nicht erst aufgrund eines Vergleichs mit einer Wirklichkeit, die außer ihm liegt. Es ist nicht möglich, Aussagen herzustellen, die *als Wort Gottes im Sinn seiner Selbstmitteilung verstehbar* sind und dennoch falsch wären.

---

1 II. Vatikanum, Dogmatische Konstitution über die Kirche, n. 12,1 (DH 4130).
2 Ebd., n. 25,1 (DH 4149).

Und man kann die Sache des christlichen Glaubens nur mit dem Anspruch auf Verlässlichkeit im Leben und Sterben überhaupt vertreten, und sonst redet man gar nicht von dem, worum es geht.

Ein Unfehlbarkeitsanspruch in Dingen der Sitten kann sich allerdings nicht auf inhaltliche Normen beziehen, die ja Gegenstand der Vernunft sind, sondern nur auf *„die Anwendung des Glaubens auf die Sitten"*[1], nämlich auf die Rechtfertigungslehre: Allein solche Werke können vor Gott gut sein, die aus der Gemeinschaft mit ihm hervorgehen. Sittennormen dagegen werden nicht geglaubt, sondern für sie ist mit Vernunft zu argumentieren (deshalb spricht die ganze Tradition immer vom *„natürlichen Sittengesetz"*).

Der Papst ist der Sprecher des in sich unfehlbaren Glaubens der ganzen Kirche. Ihm kommt es amtlich zu, die Übereinstimmung der Kirche im Glauben festzustellen. Konzilien stellen dann so etwas wie die Übereinstimmung in der Feststellung der Übereinstimmung des Glaubens dar. Aber nur da, wo ihre Verkündigung im Sinn des Glaubens, also im Sinn der Selbstmitteilung Gottes verstehbar ist, kommt der Kirche, dem Papst oder Konzilien Unfehlbarkeit zu. Wollte man für andere Aussagen Unfehlbarkeit beanspruchen, werden sie unter diesem Anspruch, nämlich als angebliche Glaubensaussagen, sinnlos und unverständlich, und niemand ist auch nur in der Lage, sie mit demjenigen Glauben zu glauben, der das Erfülltsein vom Heiligen Geist ist.

Wenn es mit rechten Dingen zugeht, führt der Glaube an Jesus Christus Menschen zu einer Gemeinschaft zusammen, die nicht auf Glauben beschränkt bleibt. Vielmehr werden sie, wenn sie Glaubende sind, dazu bereit, ihr Leben miteinander zu teilen, für einander einzustehen und einander zu dienen und so auch allen zu dienen. In der Liebe füreinander erfüllt sich der Sinn des Lebens.

Der Glaube an Jesus Christus stellt keinen religiösen Sektor des Lebens dar, sondern umfasst das ganze Leben. Deshalb versteht der Glaubende sein ganzes Leben als in Gottes Liebe geborgen, und in allem, was er aus diesem Geborgensein mit Aufmerksamkeit und Liebe tut, handelt er zur Ehre Gottes.

---

1 Ebd.

Ignatius von Loyola (1491–1556), der Gründer des Ordens der Gesellschaft Jesu, bezeichnete dies als *„Gott unseren Herrn in allen Dingen suchen"* oder als *„sich Gottes freuen"*. Der Name dieses Ordens weist auf seinen Verkündigungsauftrag hin: Für *alle* Christen gilt: Glauben heißt, zusammen mit Jesus vor Gott stehen (vgl. *1 Kor 1,9*). Die *„kleine Gesellschaft Jesu"* ist dazu gegründet, die ganze Kirche als die *„große Gesellschaft Jesu"* zu verstehen.

Ignatianische Spiritualität lässt sich in dieser paradoxen Formulierung zusammenfassen: *„Dies sei die erste Regel für alles zu Tuende: Vertraue so auf Gott, als hinge der Erfolg der Dinge ganz von dir, nichts von Gott ab; wende ihnen jedoch so alle Mühe zu, als werdest du nichts, Gott allein alles tun."*[1] Das eigene Handeln und das Vertrauen auf Gott sind hier nicht wie zwei Stockwerke, von denen man eines auch weglassen könnte, sondern das eigene Handeln ist nichts als Vollzug des Vertrauens auf Gott, und das Vertrauen auf Gott geschieht gerade im eigenen Handeln.

Unfehlbarkeit der Kirche

Nur da, wo ihre Verkündigung im Sinn des Glaubens, also im Sinn der Selbstmitteilung Gottes verstehbar ist, kommt der Kirche, dem Papst oder Konzilien Unfehlbarkeit zu.

6 Christlicher Glaube und andere Religionen

Wirklichen Religionen im Unterschied zu Pseudoreligionen ist gemeinsam, dass sie nicht auf Weltvergötterung hinauslaufen, sondern Verehrung einer unüberbietbaren Wirklichkeit sind, die das Geheimnis aller Wirklichkeit ist.

Christus steht nicht *gegen* die Religionen (Exklusivismus, als müssten die anderen Religionen als falsch angesehen werden); er steht auch nicht *über* den Religionen (Inklusivismus, als hätten die anderen Religionen nur Teile der Wahrheit und würden von der christlichen

---

1 Thesaurus Spiritualis Societatis Iesu, Vatikan 1948, 480.

Botschaft überboten); ferner steht er auch nicht *neben* den Religionen (Pluralismus, als seien alle Religionen gleichbedeutend und keine könne einen Absolutheitsanspruch erheben), sondern nach der christlichen Botschaft ist verborgen Christus *in* den Religionen bereits gegenwärtig (vgl. *Apg 17,23*); dafür sei die Bezeichnung „*Interiorismus*" vorgeschlagen.

Die christliche Botschaft versteht sich als ein *Dienst* an der Unüberbietbarkeit aller wirklichen Religion und will diese nicht selber noch einmal überbieten. In jeder wirklichen Religion geht es um das berechtigte Vertrauen auf ein letztes Geborgensein. Dies bestätigt die christliche Botschaft, und sie macht es universal verkündbar: Gemeinschaft mit Gott ist – wenn man nicht sagen will, dass sie an etwas Geschaffenem ihr Maß hat – nur so möglich, dass sie ein von vornherein Aufgenommensein in die ewige Liebe Gottes zu Gott ist. Nach der christlichen Botschaft sind alle an Jesus Christus Glaubenden Kinder Abrahams im Glauben (*Gal 3,9*). Wenn bereits Abraham Gemeinschaft mit Gott hatte, dann war auch er in die Liebe des Vaters zum Sohn aufgenommen (vgl. *Joh 8,58*). Es gibt also keine verschiedenen Heilswege.[1]

Christliche Mission kann nicht darin bestehen, mit anderen Religionen zu streiten, sondern nur darin, in freundlichem Gespräch und aufmerksamem Hinhören aufeinander die unterschiedlichen Ansichten miteinander zu vergleichen und einander Verständnisfragen zu stellen. Es könnte ja sein, dass wir Christen dadurch sogar den eigenen Glauben besser zu verstehen lernen. In einem wirklichen Dialog muss man in der Lage sein, die Auffassung des jeweils anderen mit eigenen Worten so korrekt wiederzugeben, dass dieser bestätigen kann, verstanden worden zu sein.[2] Nicht der Dialog stört den Frieden, sondern dass man aufgrund fehlenden Dialogs anderen Menschen

1 Zu einer detaillierten Auseinandersetzung mit dem Islam vgl. PETER KNAUER, Fundamentaltheologie im Koran? in: FZPhTh 55 (2008, 1) 141–165; auch http://peter-knauer.de/fundkornet.pdf.
2 Vgl. als Modell eines gelungenen Dialogs (Frage, Antwort, Wiedergabe der Antwort mit eigenen Worten, Bestätigung) *Mk 12,18–34*.

Auffassungen zuschreibt, die sie gar nicht haben.[1] Dialog ist zeitraubend, aber jemandem Zeit zu schenken ist es wert.

Das Verhältnis zu anderen Religionen
Aufgrund des „In Christus"-Geschaffenseins aller Wirklichkeit ist Christus in den anderen Religionen bereits verborgen gegenwärtig (*Interiorismus*).

7 Zusammenfassung

Dietrich Bonhoeffer hat die christliche Existenz mit diesen Worten zusammengefasst: *„Vor und mit Gott leben wir ohne Gott."*[2] *„Vor Gott"* bedeutet, dass alles in unserer Welt das ist, was ohne ihn nicht sein kann. Von vornherein alles hat mit ihm zu tun. *„Mit Gott"* bedeutet, dass wir in der Weise mit Gott Gemeinschaft haben, dass wir aufgrund des Wortes Jesu darauf vertrauen, vom Vater mit der Liebe angenommen zu sein, in der er von Ewigkeit her ihm als seinem Sohn zugewandt ist. Diese Liebe zwischen dem Vater und dem Sohn ist der Heilige Geist. Und Gott hat keine andere Liebe. Gegen diese Gemeinschaft mit Gott kommt keine Macht der Welt an; nicht einmal der Tod hat die Macht, von Gott zu trennen. *„Ohne Gott"* heißt, dass Gott kein in der Welt vorkommender, aber eigentlich unkalkulierbarer Faktor ist, mit dem man dennoch zu rechnen hätte. Die Welt ist nur die Welt, die den ihr innewohnenden eigenen Gesetzen folgt, und diese ihre Autonomie wird an keiner Stelle durchbrochen. Diese Säkularisierung ist, weit davon entfernt, von Christen bedauert werden zu müssen, eine Einsicht und Forderung der christlichen Botschaft selber. Diese Einsicht verbreitet sich nur schneller als die Botschaft selbst.

---

1 In einem Text der 34. Generalkongregation der Gesellschaft Jesu (1995) heißt es: „In Anbetracht der Spaltungen, Missbräuche und Konflikte, zu denen die Religionen, auch das Christentum, im Laufe der Geschichte geführt haben, versucht der Dialog, der einigenden und befreienden Kraft, die jeder Religion innewohnt, zum Durchbruch zu verhelfen." (Ergänzende Normen zu den Satzungen, n. 265)
2 Widerstand und Ergebung, Brief vom 16. 7. 1944.

8 Schlussbemerkung

Die heutige Krise des Christentums scheint mir vor allem daran zu liegen, dass viele seiner Vertreter wie gewohnheitsmäßig von Gott reden, ohne sich und anderen über die Bedeutung dieses Wortes und darüber, wie man Gott zuschreiben kann, dass er spricht, Rechenschaft zu geben. Und sie setzen gewöhnlich Gott wie einen Systembestandteil voraus, den man als ein Argument für alle möglichen Forderungen verwenden kann. Beides ist Missbrauch des Wortes „Gott" und steht im Widerspruch zur christlichen Botschaft.

In seinem Gedicht „Der Zweifler" nennt Bert Brecht als wichtigstes Kriterium für die Beurteilung einer Botschaft: *„Aber vor allem / Immer wieder vor allem anderen: Wie handelt man / Wenn man euch glaubt, was ihr sagt? Vor allem: Wie / handelt man?"* Ein wirklich Glaubender würde liebevoll leben. Brecht sagt nicht: „Wie handelt *ihr*, die ihr das sagt?" In Wirklichkeit stellen viele Verkünder der christlichen Botschaft sich durch ihre Verkündigung nur immer wieder selber öffentlich bloß. Dass dies geschehen kann, gehört zur Glaubens-Würdigkeit dieser Botschaft. Die Botschaft selbst wird nicht erst durch ihre Verkünder glaubens-würdig, sondern ist es durch sich selbst, aber wer sie tatsächlich glaubt, gewinnt an Liebe.

Das (ungeprüft gebliebene) Vorverständnis der Aufklärung hatte darin bestanden, auch den christlichen Glauben als eine bloße menschliche Erfindung zu betrachten und folglich seine Weitergabe als Indoktrination. Aber es verhält sich nicht so wie in der Ringparabel Lessings in *„Nathan der Weise"*, dass die Verkünder und die Glaubenden durch ihr eigenes vorbildliches Verhalten einer nicht einmal von ihnen selber verstandenen Botschaft zu Hilfe kommen müssen, sondern die Botschaft kommt denen zu Hilfe, die sie zu verstehen beginnen. *„Wer das Wort aufnimmt und versteht, der bringt Frucht."* (*Mt 13,23*) Diese Frucht besteht in liebevollem Verhalten.

Wir stehen heute noch immer am Anfang des Verstehens, so wie das Christentum noch immer an seinem Beginn steht. Man muss nur ernsthaft zu fragen beginnen. Dann öffnet sich der sonst eher verschlossen bleibende Briefumschlag der christlichen Glaubensverkündigung und sie macht sich durch ihren Inhalt als *„Wort Gottes"* verstehbar.

Leseempfehlung zur Vertiefung:

PETER KNAUER SJ, Der Glaube kommt vom Hören – Ökumenische Fundamentaltheologie, 7. Auflage, neu bearbeitet, Books on Demand, Norderstedt 2015, ISBN 978-3-738-63716-8, 432 S., € 15,00; als E-Book ISBN 978-3-739-26095-2, € 9,49.

DERS., Unseren Glauben verstehen, Echter-Verlag Würzburg [8]2014, ISBN 3-429-00987-1, 248 S., € 12,80.

DERS., Handlungsnetze – Über das Grundprinzip der Ethik, Frankfurt 2002 (Books on Demand, ISBN 3-8311-0513-8), 196 S., € 10,00; als E-Book:ISBN-13: 978-3-8482-6676-0, € 6,49.

Vgl. ferner peter-knauer.de/glaube123.pptx, („Unseren Glauben verstehen und Ethik"), eine Powerpointpräsentation mit z. Zt. 1383 Folien, großenteils intern mehrfach gestuft. In beiden Adressen kann sich die Zahl bei künftigen Überarbeitungen jeweils um 1 erhöhen.

Weitere downloadbare Texte zu „Theologie" und „Ethik" sowie „Ignatius von Loyola" unter peter-knauer.de/knauer0.html#Downloads

Glaubensbekenntnis für unsere Zeit

Ich glaube an Gott allein
und brauche nichts
in der Welt zu vergöttern:

Alles, was existiert,
verweist auf ihn.
Nichts kann ohne ihn sein.
Er ist mächtig in allem,
was ist oder geschieht.
Er ist größer als alles, was wir
erfahren oder denken können.
So „wohnt er
in unzugänglichem Licht".
Dies kann bereits
Vernunft erkennen.

Doch von Jesus her
besteht mein Vertrauen
in einem Glauben,
der die Vernunft noch übersteigt:
Ich bin in Gottes Liebe geborgen.

Gott ist mir
und jedem Menschen
mit der Liebe zugewandt,
die von Ewigkeit her
als Liebe zwischen Vater
und Sohn besteht
und die der Heilige Geist ist.
Nur indem wir in diese Liebe
aufgenommen sind,
haben wir Gemeinschaft mit Gott.

Der Sohn ist in Jesus,
gesandt im Heiligen Geist,
durch Maria Mensch geworden

und von ihr geboren,
um uns diese Liebe Gottes,
unsere Gemeinschaft mit Gott,
in menschlichem Wort
zu verkünden.
Denn diese Liebe hat
nicht ihr Maß an der Welt
und kann deshalb auch
nicht an ihr abgelesen werden;
wir können sie nur
durch sein Wort erfahren:

Keine Macht der Welt,
nicht einmal der Tod,
kann uns herausreißen
aus der Geborgenheit
in Gottes Liebe.

Jesus hat diese Botschaft
mit der Hingabe
seines Lebens bezeugt:
Wegen seiner
befreienden Botschaft
und weil er für sie
Anhänger gefunden hatte,
wurde er von denen
am Kreuz umgebracht,
die anderen Angst machen
und so über sie herrschen.

Doch konnte der Tod keine
Macht über ihn gewinnen:
Für immer lebt Jesus
in der Herrlichkeit Gottes.
Ich glaube an ihn als Gottes Sohn,
das heißt:

Glaubensbekenntnis für unsere Zeit

Ich habe Anteil an
der Liebe des Vaters zu ihm
und seiner Liebe zum Vater.
Aufgrund seines Wortes
weiß ich mich und die ganze Welt
unbedingt angenommen
für alle Ewigkeit.
So brauche ich mich nicht mehr
von der Angst um mich selber
leiten zu lassen,
was sonst die Wurzel
alles Bösen ist.

An Jesus als den
Sohn Gottes glauben
ist das Erfülltsein
von seinem Heiligen Geist.

Diesen Glauben haben wir
nicht aus uns selbst,
sondern empfangen ihn
von der Gemeinschaft derer,
die vor uns geglaubt haben,
der Kirche;
in ihr verbindet der Heilige Geist
alle Glaubenden mit Christus
und untereinander.

Wie Jesus sind nun auch
die Glaubenden
„nicht aus dem Willen
des Mannes, sondern aus
Gott geboren".

Die Aufgabe der Kirche ist es,
das von Jesus herkommende
Wort Gottes weiterzugeben.
Das angenommene Wort Gottes
feiern wir in den Sakramenten.
In der Eucharistie lebt
unser Glaube von Jesus selbst
wie das irdische Leben
von Speise und Trank.

Die in diesem Wort verkündete
Gemeinschaft mit Gott
verwandelt vergangenes
Böses in Gutes
und macht Versöhnung möglich.
Die Gemeinschaft mit Gott
ist ewiges Leben
für alle Menschen.
Denn „Gott hat in Christus
die Welt mit sich versöhnt".
Deshalb haben die Glaubenden
Hoffnung für alle.

Jesu Heiliger Geist ist bereits
überall dort offen am Werk,
wo Menschen anders als aus der
Angst um sich selber leben.

Aus diesem Glauben
geht in unserer Welt Liebe
und liebevolles Handeln hervor,
das Böses nicht mit Bösem,
sondern Böses mit Gutem
und Gutes mit Gutem vergilt.
Zu solcher Liebe
sind wir geschaffen.

Amen.